电力企业安全文化
创新实践

国网湖北省电力有限公司　组编

中国电力出版社
CHINA ELECTRIC POWER PRESS

图书在版编目（CIP）数据

电力企业安全文化创新实践 / 国网湖北省电力有限
公司组编 . -- 北京 : 中国电力出版社，2024. 12（20
25.5重印）. -- ISBN 978-7-5198-9436-8

Ⅰ. F426.61

中国国家版本馆 CIP 数据核字第 2024PX7799 号

出版发行：中国电力出版社
地　　址：北京市东城区北京站西街 19 号（邮政编码 100005）
网　　址：http://www.cepp.sgcc.com.cn
责任编辑：薛　红
责任校对：黄　蓓　马　宁
装帧设计：张俊霞
责任印制：石　雷

印　　刷：三河市万龙印装有限公司
版　　次：2024 年 12 月第一版
印　　次：2025 年 5 月北京第二次印刷
开　　本：710 毫米 ×1000 毫米　16 开本
印　　张：11.75
字　　数：155 千字
定　　价：72.00 元

《电力企业安全文化创新实践》
编写组

组　长　季　斌

副组长　邹圣权　宋晓兵　庞奇志

成　员　李建明　王尚文　卢国伟　梅良杰　安高翔　杜　涛

田　威　沈　琼　黄　翔　杨沙明　杨　超　王晓烨

韩　枫　刘　青　周　伟　简吟雪　雷　昳　刘宇峰

程燎华　易　明　彭子骞　周永君　蔡　敏　李大文

梅祖礼　罗　云　赵云胜　韩　嘉　宫英钦　彭若萱

罗　溪　肖新秀　付昕镜　高霖尧　冯　勇　郑海峰

曾　卓　官　烜　许　旺　李闫远　朱康乐　熊凌彦

柳晓峰　樊　瑞　宋　坤　赵丽娜　徐家睿

前言 PREFACE

安全文化是安全生产的灵魂，是安全管理的最高层境界，是确保电网企业长治久安的制胜法宝。

自20世纪80年代末、90年代初"安全文化"的概念进入我国以来，不同行业的企业都结合自身特点开展了各具特色的安全文化实践和探索，取得了丰硕的成果。

国网湖北省电力有限公司（简称国网湖北电力）以习近平文化思想为引领，继承和发扬了国家电网有限公司安全文化价值理念，将安全文化建设上升为企业铸魂赋能、基业长青的战略性工程，于鄂电百年"水火既济"的发展历程中追溯初心，于中外安全文化建设的经典理论中寻求规律，于企业安全管理的落地实践中打造范例，通过十余年的不懈求索、接续奋斗，打造出具有鲜明荆楚文化特色、契合国网湖北电力"敢为人先"文化基因、立足湖北电网实际的安全文化体系，"安全第一"成为企业全员共同的价值遵循和行为信条，文化的"软实力"成为推动企业安全发展的"硬道理"。

本书全面梳理了企业安全文化的基本原理、基本逻辑、基本方法，总结提炼了电网企业在"安全观念文化""安全行为文化""安全制度文化""安全物态文化"四个方面的实施路径、实践载体。同时，聚焦"安全文化落地实践"，分享了国网湖北电力安全文化建设中形成的经验成果、典型案例，希望能够发挥"思路指引、方法支持、范例启示"的作用，供广大读者参阅交流。

安全文化建设永远在路上。国网湖北电力将坚持"干在实处、走在前列"的思想精神，把握争先的文化主动，坚定一流的文化追求，对标世界一流企业，持续改进安全文化建设的方法，不断丰富安全文化建设的载体，以卓越的安全文化引领安全管理持续提升，为企业高质量发展奠定安全基石。

编者

2024 年 7 月 10 日

目录
CONTENTS

第1章

安全文化的
起源与发展

在人类文明的长河中，安全始终是社会进步与发展的基石。安全文化的诞生，并非一蹴而就，而是伴随着生产实践的深入、技术革新的浪潮以及对生命价值日益深刻的认知而逐步孕育成长。它源于人类对安全需求的本能追求，又超越了简单的生存法则，成为一种融合了技术、管理、伦理与哲学的综合性文化现象。正确认识和了解安全文化，是电力企业安全文化建设的第一步。

1.1　安全文化起源

1.1.1　中华传统文化中的"安全智慧"

"安全文化"植根于中华民族悠久的历史长河之中，其踪迹可追溯至远古时期。从华北周口店龙骨山山顶洞穴内残留的灰烬，到燧人氏钻木取火以烹饪食物、预防疾病、驱赶野兽；从有巢氏"构木为巢"以避兽害，到鲧偷"息壤"以堵水患，再到大禹疏导治水的英雄事迹，无不闪烁着安全智慧的光芒。千百年来，我国勤劳智慧的古代先贤，在征服和利用自然，追求人类文明发展的进程中，不断探索并积累了宝贵的安全智慧。

1. 重民安民、珍爱生命

《孝经·圣治章》说："天地之性，人为贵。"认为天地之间，生命最宝贵，而凡是有生命的，又以人最为贵重，因而要珍爱和敬畏生命。中华文化的根源在《诗》《书》《礼》《乐》《易》《春秋》"六经"之中，其精髓是对天地、生命的尊重和敬畏。孔子主张仁爱，以仁为"众德之总"，而仁爱同时也是中国传统文化中安全智慧的思想基础，其核心是：重视人、关心人、保护人的生命安全。《论语·乡党篇》记载：孔子在鲁国担任大司寇时，一天，"厩焚。子退朝，曰：'伤人乎？'不问马"。马厩失火，孔子首先关心的是有没有人受伤，充分体现了他对人的生命安全的重视。重视人的价值、人的生命和人的生存，一直是中国传统文化的主流。

2. 居安思危、防患未然

《周易》作为"群经之首""大道之源"，被后人称为"忧患之学"，蕴含着丰富的哲学思想和安全智慧，充满了强烈的忧患意识，论述了安危、存亡的辩证关系和安不忘危的安全思想，集中体现了中华民族居安思危、思患预防的优秀传统。《周易·系辞传下》说："是故君子安而不忘危，存而不忘亡，治而不忘乱，是以身安而国家可保也。"安全时不忘危险，生存时不忘灭亡，太平时不忘祸乱，自身才能平安无事，国家才能长治久安。《三国志》也说："明者防祸于未萌，智者图患于将来。知得知失，可与为人；知存知亡，足别吉凶。"聪明的古人早就意识到，只要有隐患存在，危险就很有可能会发生，而只有预先采取防范措施，将祸患消除于未萌芽之时，才是明智之举。有了居安思危的意识还不够，还要善于观察，见微知著，远离危险，这样才能将危险拒之于门外，"知而慎行，君子不立于危墙之下"。

3. 遵规守矩、依法治理

伏羲女娲图中，女娲右手执规，伏羲左手执矩，女娲执规，矫正的是人规，而伏羲执矩，衡量的是方方正正的尺度，《孟子》说："不以规矩，不能成方圆。"天圆地方，人也应该是外圆内方，外有约束，内有尺度。《韩非子》作为法家经典，指出"国无常强，无常弱。奉法者强，则国强；奉法者弱，则国弱。"韩非子认为，各国皆有法度，关键是能否秉公执法。他以楚庄王、齐桓公、燕襄王等为例，说明君主若能坚决推行法治，国家就能安全、发展、强盛。法家以遵循自然之道为思想基础，以人性社会观为思想武器，以法术之治为主体，以形名赏罚为手段，以治邪止奸为要务，以富国强兵为宗旨，以帝王霸业为目标，重典治乱，法守底线。

1.1.2 "安全文化"概念的提出

安全文化的概念最早在20世纪80年代被提出。1986年4月26日，位于苏联的切尔诺贝利核电站的4号反应堆发生了严重的核泄漏事故，由于操作失误和一系列的管理漏洞，反应堆内的核燃料发生了爆炸，大量的放射性物质泄漏到大气中，造成了严重的环境污染和人员伤亡。这场灾难是人类历史上最严重的事故之一。据2005年联合国发布的调查报告显示，约840万人遭受了辐射污染，造成直接经济损失超2000亿美元；按照专家估计，想要完全消除这场灾难对自然环境的影响至少需要800年时间。

事故发生后，国际原子能机构（International Atomic Energy Agency, IAEA）的国际核安全咨询组（International Nuclear Safety Advisory Group, INSAG）对事故教训进行总结，深刻认识到"核安全文化"对核工业事故有着重要影响。在1986年8月召开的"关于切尔诺贝利事故的事后评审会议"上，INSAG首次在报告中提出了"安全文化"这一概念，并指出"安全文化"的缺失是导致管理失误和人员错误的深层次原因，这使得国际核应急专家认识到，仅仅聚焦于查找设计层面的不足，或致力于构建人的可靠性模型，并不能从根本上解决问题，必须从提高个体的安全文化素养出发，着力培养人的安全意识、思维模式、行为习惯，才能最终实现安全目标。这一发现揭示了在技术和操作层面之外，组织文化和人为因素对于核安全的重大意义。

"安全文化"概念一经提出便受到了世界各地安全领域从业人士的广泛关注。1986年，美国国家航空航天局（National Aeronautics and Space Administration, NASA）在航空航天的安全管理中应用了安全文化的概念。1988年，INSAG在其出版的《核电厂基本安全原则》中将安全文化作为一种重要的管理原则予以落实，并将其渗透到了核电厂以及其他相关的核电保障领域。安全文化的理论开始在实践中得到应用，并成为安全管理的核心思想和基本原则。

1.1.3 "安全文化"理论的正式诞生

在安全文化概念得到广泛应用的同时，INSAG在实际工作中深刻体会到，安全文化这一概念在既往研究中并未得到充分且深入的探讨，以至于人们对其含义的理解尚不统一。此外，对组织中安全文化有效性的评估手段也显得尤为匮乏。

针对这一不足，INSAG组织专家们进行了深入的研究，并于1991年发布了"75-INSAG-4"报告，在报告中首次明确了安全文化的定义，突出了安全文化的内在特质。同时，INSAG构建了一套建设和发展核安全文化的思想体系和策略，以引领全球安全管理向更加系统化和科学化的方向迈进。

"75-INSAG-4"报告的发表，标志着安全文化理论在国际层面上得到了权威认可，也标志着安全文化理论的正式诞生。自此，安全文化理论在全球范围内广泛推行并付诸实施。美国的杜邦公司、英国国家电网公司以及德国意昂集团等国际知名企业纷纷启动了各自的安全文化建设，并在实践中不断深化和完善。他们积极引入新的安全管理方法和技术，不断改进安全文化培训和教育，以确保组织安全文化的全面覆盖和深入实施。这些企业的成功实践，逐渐形成了较为成熟的、具有全球影响力的安全文化体系，为全球安全管理树立了典范。

"安全文化"作为安全管理的核心思想和基本原则，其产生和发展与核能行业安全管理观念的演进历程紧密相连。它不仅是对过去安全管理经验的继承延续，也是现代企业管理思想和方法在安全生产领域的具体体现与实践成果。

1.2 安全文化发展

1.2.1 国际安全文化发展简述

自"安全文化"理论正式诞生后，INSAG 和其他国际组织进一步发展和完善了安全文化的理论框架，并将其应用于实际操作层面，制定了一系列政策、标准和指南。INSAG 的研究成果不仅在很大程度上对全球核工业界的安全文化建设起到了重大指导作用，也为其他行业的安全管理实践以及安全文化体系构建提供了高度的参考价值和借鉴意义。在此过程中，国际安全文化发展的一些重要事件如表 1–1 所示。

表1–1 国际安全文化发展历程中的重要事件

时间	重要事件
1993 年	美国蒙大拿州的立法部门制定并颁布了《蒙大拿州安全文化法》，以法律的形式强调雇主和雇员合作要遵循创造和实现工作场所安全的理念
1994 年	国际原子能机构制定《ASCOT 指南》，给出了便于操作的用于评估安全文化的方法
1996 年	"亚洲地区核合作论坛（FNCA）"第 7 次会议决定，自 1997 年起每年举办一次"核安全文化项目研讨会"

时间	重要事件
1997年	美国国家运输安全委员会组织召开了以"合作文化与运输安全"为主题的全国性研讨会
2003年	国际劳工组织（ILO）将当年的"安全与健康世界日"的主题定为"工作中的安全文化"。此后世界各国每年的"安全与健康世界日"活动中，大多均安排与安全文化相关的话题或促进活动
2008年	第18届世界职业安全与健康大会上，第一次阐明"在安全与健康的环境中工作的权利应该被确认为一项基本人权，以及促进高水平的安全与健康工作是全社会的责任；所有的社会成员必须为实现预防性安全与健康文化作出贡献"
2011年	国际原子能机构在维也纳召开"安全文化监督与评估技术会议"，最终得出结论：人们已经认识到组织和文化问题在实现安全运行方面是至关重要的

除了以上列举的这些举措之外，各国政府为推进安全文化建设，也组织了一些重要而且具有延续性的安全文化建设活动，例如美国安全工程师学会把每年的6月20~27日确定为"全国作业车间安全周"，每年的10月由美国国家安全委员会（National Security Council，NSC）组织开展全美安全大会及展览会；1992年英国卫生执行局举办了首次工作场所卫生安全周活动，以后每年下半年都开展一次卫生安全周活动。

在这种氛围下，澳大利亚、德国、韩国等国家已经将安全文化的发展从原先企业层面的自发作用，提升到国家层面给予重视和促进。

1.2.2 国内安全文化发展概况

自20世纪90年代安全文化理论正式形成以来，这一理念及其相关文献迅速传入我国安全生产研究领域，引发了众多专家学者和企业管理者的浓厚兴趣与密切关注。我国相关行业在积极消化吸收这些知识内容的基础上，大力开展了安全文化的宣传普及工作，并着手推动企业内部的安全文化建设。

1992年，国际核安全咨询组织编撰的《安全文化》手册被译为中文并在国内广泛传播开来，其中所阐述的核安全文化理念迅速与我国源远流长的传统文化相融合，开始形成具有我国特色的安全文化体系。

1993年6月，时任劳动部部长的李伯勇在《安全生产报》上发表了一篇题为"加大安全生产宣传力度，把安全工作提高到安全文化的高度来认识"的文章。这是我国安全生产监督管理最高部门的领导人首次公开强调安全文化的重要性。在这一思想的引导下，我国安全科学界开始逐步将高技术领域的安全文化理念引入传统产业，并进一步深化了核安全文化的内涵，使其扩展到了更广泛的安全生产与日常生活领域。

2002年，国务院正式颁布实施首部《中华人民共和国安全生产法》，推动了我国安全文化的法治化进程。同年，中共中央宣传部、国家安全生产监督管理局等部委基于对当时安全生产形势的深入剖析与实践经验的归纳总结，决定将原来的"安全生产周"改为于每年的六月份开展"安全生产月"活动。这是党中央、国务院为宣传安全生产一系列方针政策和普及安全生产法律法规知识、增强全民安全意识的一项重要举措。

2008年，国家安全生产监督管理总局发布了《企业安全文化建设导则》，将企业安全文化定义为：被企业组织的员工群体所共享的安全价值观、态度、道德和行为规范组成的统一体。为企业提供了明确的指引，推动了企业安全文化建设向更加规范化、系统化的方向发展。

2016年，《中共中央　国务院关于推进安全生产领域改革发展的意见》印发，强调要"推进安全文化建设，加强警示教育，强化全民安全意识和法治意识。"

2017年，国家发展改革委、国家能源局印发《关于推进电力安全生产领域改革发展的实施意见》，将"推进安全文化建设"纳入五十项重点任务。国务院颁布《安全生产"十三五"规划》，将安全文化建设列为"十三五"期间安全生产工作的重点任务之一。

为了进一步贯彻习近平总书记关于安全生产的重要论述，2021年9月1日，新版《中华人民共和国安全生产法》正式实施，所修改的42项条款被归纳为"十大突破与创新"，最为突出的就是以"文化引领，文化强安"之姿态，提出了系列"新思想、新理念、新策略、新举措"。

1.3 电力行业安全文化发展历程

电力行业作为关系到国计民生的重要基础性行业，具有不可替代的作用，电力安全生产不仅关乎人民的生命财产安全，更关乎国家安全、经济发展和社会稳定。从中华人民共和国成立至今，电力安全文化的发展历经了四个阶段，从电力安全文化的萌芽，到正式的形成与发展，电力安全文化历经长期的探索和实践，形成了许多具有电力特色的安全文化成果。

1.3.1 中华人民共和国成立到改革开放前夕

中华人民共和国成立到改革开放前夕，电力工业经历了燃料工业部、电力工业部和水利电力部三个时期，将"安全第一"的思想引入《电业安全工作规程》，开启了构建安全管理制度体系的新篇章。在这一阶段电力行业安全文化发展的重要事件如表1-2所示。

表1-2 中华人民共和国成立到改革开放前夕电力行业安全文化发展的重要事件

时间	重要事件
1949年	中央人民政府燃料工业部召开第一次全国煤矿工作会议，提出"在职工中开展保安教育，树立安全第一的思想"的指导方针，这是我国电力行业安全工作的最早探索之一

时间	重要事件
1951 年	燃料工业部引入了《电业安全工作规程》（发电厂和变电站电气部分），这是我国电力行业最早的安全工作规程，在电气方面对安全工作提出了要求
1955 年	《电业安全工作规程》迎来了第一次修订，同年我国颁布了自己修编的第一部《安规》，进一步规范了发电厂和变电站的安全工作，推动了电力行业安全管理的发展
1962 年	原电力工业部颁发《电业安全工作规程》（热力和机械部分），完善了电力行业安全工作规范，使其涵盖了更多的安全工作领域

1.3.2　改革开放到21世纪初

改革开放以来，安全文化概念和定义首次提出并在世界范围内广泛传播，《中国安全文化发展战略建议书》《21世纪国家安全文化建设纲要》的发布，对中国安全文化建设进行了系统思考。这一时期，全国安全生产委员会成立，"预防为主"的思想列入我国安全生产方针。与此同时，电网进入统一集中管理时期，电力基础设施建设加快，中国电力工业形成了改革促发展的局面。在这一阶段电力行业安全文化发展的重要事件如表1-3所示。

表1-3　改革开放到21世纪初电力行业安全文化发展的重要事件

时间	重要事件
1978 年	水利电力部修订颁发《电业安全工作规程》（热力和机械部分）
1991 年	能源部颁发《电业安全工作规程》（发电厂和变电所电气部分、电力线路部分）
1993 年	电力部颁发《关于安全工作的决定》，要求电力企事业单位党政工团都要抓好职工的安全思想教育，开展群众安全监督工作；要认真进行技术业务培训与考核，增强职工的自我保护能力
2000 年	国家电力公司颁布了《电力安全生产工作规定》，要求开展以安全生产宣传教育和安全检查为主题的安全生产月活动。标志着电力安全文化建设正式进入了探索阶段

1.3.3 21世纪初到党的十八大召开前

进入21世纪，随着国家对安全生产工作的重视程度不断提高，电力企业积极响应政策要求，加大了对企业安全文化的投入与建设力度。各类研讨会、论坛、培训活动频繁举办，促进了安全文化理论研究和实践经验的交流分享。在此期间，电力企业不断探索适合自身的安全文化体系构建，例如设立安全文化月刊、开展全员参与的安全文化创建活动等，力求将安全文化从高层管理渗透至基层一线。

在这一时期，电力行业通过持续深入地推进安全文化建设，结合信息化、智能化技术的应用，提高了安全生产的科技含量和管理水平。电力企业在安全风险评估、隐患排查治理、安全技术创新等方面取得了显著进展，形成了一套包含安全教育、制度建设、环境塑造以及科技进步在内的综合安全文化体系。在这一阶段电力行业安全文化发展的重要事件如表1-4所示。

表1-4　21世纪初到党的十八大召开前电力行业安全文化发展的重要事件

时间	重要事件
2002 年	国家电网公司成立，标志着电力行业的重组和市场化进程加速，对电力安全文化的发展提出了新的要求
2004 年	国家电网公司颁布《企业文化建设管理办法》，为安全文化建设提供了明确的指导原则
2005 年	国家电网公司印发《电力生产事故调查规程》，严格事故责任追究、统一事故统计口径。国家电网公司印发《关于加强电网公司内质外形建设的指导意见》，将安全素质作为企业文化建设的重要内容
2008 年	国家电网公司发布《供电企业安全风险评估规范》《供电企业作业安全风险辨识防范手册》，全面推进供电企业安全风险管理

至此，我国电力行业安全文化经历了从初步引入到深度发展的过程，逐步形成了具有中国特色的电力安全文化体系。

1.3.4 党的十八大以来

党的十八大以来，党中央、国务院对安全生产工作提出了更高要求，将安全发展作为国家总体战略的重要组成部分。各企事业单位积极跟进学习习近平总书记关于安全生产的重要论述和重要指示批示精神，树牢安全发展理念，实施本质安全建设。这一时期，国家相继出台了一系列强化安全生产和推进企业安全文化建设的政策文件，如《中共中央 国务院关于推进安全生产领域改革发展的意见》等，为电力行业的安全文化建设提供了顶层指导。同时，电力行业的安全生产标准体系建设也加快了步伐，制定并实施了更多针对电力安全的专业技术规范和管理规程，确保电力企业在安全文化的制度层面上有据可依。

随着信息化、智能化技术的发展，电力行业积极推动科技兴安战略，采用大数据、云计算、物联网等先进技术手段，提升电力系统的安全性与可靠性。智能电网、智慧电厂等新型电力系统在建设和运行中融入先进的安全文化理念和技术手段，提高了事故预防和应急响应的能力。

与此同时，国家能源局及各地方政府鼓励和支持优秀电力企业创建安全文化示范单位，通过典型引路、经验交流，推广具有中国特色的电力安全文化实践成果，以国网湖北省电力有限公司（简称国网湖北电力）为代表的电力企业纷纷建立了具有自身特色的安全文化品牌，电力安全文化建设的成果已然形成。在这一阶段电力行业安全文化发展的重要事件如表1-5所示。

表1-5　党的十八大以来电力行业安全文化发展的重要事件

时间	重要事件
2016 年	国家电网公司制定了《生产作业安全管控标准化工作规范》（国家电网安质〔2016〕356 号），对生产作业全过程安全管控行为进行了标准化、规范化的要求
2019 年	国家能源局组织开展"电力安全文化建设年"活动，安排部署"九个一"工程，举行了"电力安全文化论坛"，对加快电力安全文化建设起到了巨大的推动作用

续表

时间	重要事件
2020 年	国家能源局印发《电力安全文化建设指导意见》，对电力安全文化建设进行了全面、系统的部署
2023 年	国家电网公司印发《关于推进国家电网安全管理体系建设落地的指导意见》，提出建成文化型安全管理体系的工作目标

1.4　国网湖北电力安全文化的形成

19世纪末，在"洋务运动"的推动下，电力工业开始在湖北萌芽。湖北电力的前身为创办于1906年的汉镇既济水电公司，其大王庙电厂投产之初发电容量就占全国民营电厂发电总容量的1/3，是当时国内最大的民营电厂。一百多年来，特别是1949年以来，一代代湖北电力人筚路蓝缕、开拓奋进，创造了中国电力史上一大批"首个""第一"。

1.4.1　安全生产责任制初步发展

1949年10月1日，在武汉解放近5个月后，新生的中华人民共和国成立。改造山河、建设国家成为时代主旋律，湖北电力工业也随之进入崭新的历史发展时期。

1949年以前，电力生产只有一些零星的制度，没有系统的安全规程。工具简陋且数量有限，无法起到安全防护的效果。电厂锅炉出灰，工人采取戴草帽、着棉衣、在身上浇水等办法作为防护，但常因灰火喷射而被烧伤；搭接高压线，因无绝缘工具，只得用胶布裹缠或胶管套住铁把钳子操作，往往导致触电身亡；登高作业，只有腰皮带和少量公用踩板，下杆时以吊绳滑下，常因杆滑失足而坠地身亡，工人的人身安全无法得到保障。

中华人民共和国成立后，国家高度重视人身安全，一系列规章制度陆续出台，情况得到了有效的改善。1951年，燃料工业部颁发了16种有关运行、检修及管理等方面的规程制度，主要包括《电业安全工作规程》《电业生产单位各级领导对安全技术工作的责任制》等，明确了不准约时停送电、停电工作必须验电接地的工作要求。同时强化了对于停送电操作第三方的安全监管。

1952年6月，武冶输电线路在运行过程中发生故障，第一线路工区的几名员工在线路抢修过程中，由于没有认真执行安全工作规程，造成一名电工触电重伤，被迫截肢。血的教训为全体员工敲响了警钟，事故发生后，武汉冶电业局高度重视，组织开展了系列安全教育培训活动，自觉遵守安全工作规程逐渐成为全体员工共识。其后在"电力不安全是工业的大灾大难"口号下，1955年初，湖北电力以部颁《电力工业技术管理法规》为主，结合部颁运行、检修、安全三大规程，首次开展了设备、人身安全的全面管理。是时人人言必规程，事事遵守规程，重视安全已蔚然成风。

1959~1961年国家历经三年困难期，规程贯彻出现松弛。为扭转这种局面，1962年电力部门重新对规程进行了补充巩固，反事故措施、安全技术措施重新制订和贯彻，1964年又补订了各项实施细则。这时作为规程中重点的"两票四制"（即工作票、操作票，交接班制、缺陷管理制、巡回检查制、整洁卫生制）开始被当作制度突出出来，并列入反事故斗争项目严格验收。基层建设、基础工作和基本功训练"三基"工作得到恢复，并建立三级运行分析机制及生产会议首先汇报安全制度，技术管理又有所加强。

1963年3月30日，国务院颁布了《关于加强企业生产中安全工作的几项规定》，即《五项规定》，这是我国安全生产责任制发展的重要里程碑。《五项规定》中要求企业的各级领导、职能部门、有关工程技术人员和生产工人，各自在生产过程中应负的安全责任必须予以明确。这一规定不仅明确了安全生产责任制的具体内容，还提出了"两管五同时"（"两管"指安全和生产的双重管理；"五同时"指同计划、同布置、同检查、同总结、同评比）等具体的工作要求，这也是对安全生产责任制最早的系统性表述。在制度的要求下，安全管理又再度有所加强。

1.4.2 安全生产规章制度构建

20世纪70年代起，湖北电力行业开始重视安全管理，通过制定和执行严格的安全规章制度，提高员工的安全意识和操作技能。省电力局把防止人身死亡等6大恶性事故作为安全生产工作的重点，采取了系列措施。为防范人身事故，各单位组织职工重新学习安全规程并进行考试，要求凡考试不合格者不能上岗，要扣发奖金。制定执行《湖北省电力局操作票、工作票实施细则》，坚持贯彻工作票、操作票制度，开展施工作业危险点分析与控制，实行安全生产重奖重罚和长周期安全奖励，加强和规范安全管理工作。经过一系列整顿和改革，湖北电力行业的安全生产秩序得到了显著改善。

1972年7月27日，湖北电网发生了一场史无前例的大停电事故——"七·二七"事故。事故发生当天，丹江口水电厂的一个保护开关误动作，导致丹江电厂与全省电网解列。事故引发了连锁反应，最终导致鄂东地区电网瓦解。这次事故造成湖北大面积停电，直接经济损失约2430万元，是1949年以来电力工业最大的一次事故。这次事故给湖北电力行业带来了深刻的教训，促使行业开始重视安全生产秩序的整顿。

事故发生后，电力部相关部门多次召开会议，对本次电网崩溃事故进行总结、汲取教训，对不规范运行的情况进行了整顿，制定了《电力系统安全稳定导则》《电力系统电压和无功电力技术导则》等一系列规程规范，逐步扭转了全国各省电网在严重缺电情况下，电网长期低频、低电压的状况；明确了设备检修的流程和操作标准，加强了对检修人员的培训和监督，防止因人为疏忽导致类似事故发生；完善了针对电网突发事故的应急预案，明确了各部门、各电厂在事故发生时的职责和行动步骤，加强演练以提高应对能力；明确了在电力生产、运营等各个环节中相关人员的安全责任，对于违反规定或导致事故的行为进行严肃追究。这些制度的补充和完善旨在提高电力系统的安全性、稳定性和可靠性，有力地提高了湖北电网的运行水平。

伴随中国电力工业的发展，湖北电网从一个相对孤立的省级电网，逐步成为南北互供的枢纽、全国联网的中心。中国第一个500千伏输变电工程、第一个500千伏直流输电工程、第一个特高压交流工程，它们的起点或落点都在湖北境内。独特的区位优势，让湖北电网的发展历程中留下了诸多"第一"，构建了输变电工程交、直流安全生产规章制度，保障了湖北电网的安全稳定运行。

1978年8月，经国家计委研究批准兴建河南平顶山至湖北武昌的输变电工程，简称平武工程，这是我国首条500千伏输变电工程。平武工程跨越河南、湖北两省，自1979年11月开工，于1981年12月22日竣工。平武工程湖北段包括两线两站，即姚双、双凤线和双河、凤凰山变电站。586千米的高压电力大动脉建成后，源源电力输往湖北，满足国家重点建设项目——武钢一米七轧机工程用电要求，武钢得以生产出大量优质钢材，广泛用于我国的工业、建筑业。

从平武工程起步，国网湖北电力组织工程技术人员结合现场实际，先后制定了《500千伏输电线路安全工作规程》《变电运行管理规定》等日常生产规章制度和标准，使设备的运行管理逐步制度化、规范化、标准化。自此，湖北逐步掌握了超特高压电网维护的核心技术，处于全球先进地位，500千伏、±800千伏、1000千伏全国带电作业第一人均出自湖北。平武工程建设成功，是改革开放以来我国电力工业发展史上的一个里程碑，为我国后来发展更高电压等级输电线路的设计和施工建设奠定了基础，开创了我国电网的新时代。

1985年10月，葛上±500千伏直流输电工程全线开工，这是我国第一条超高压直流输电线路，起点宜昌葛洲坝换流站，落点于上海南桥换流站。其建设目的是充分利用葛洲坝电厂的电能，缓解华东地区严重缺电的局面。设计输送容量单极60万千瓦，双极120万千瓦。线路全长1045千米。1987年9月，输电线路竣工。1989年9月18日单极投运，1990年8月20日，双极试运行。葛上直流输电工程建成投运，开创了中国直流输电和大区联网的先河。为保障首条跨区直流安全平稳运行，制定了倒闸顺控操作安全管理规定、直流控保隐患排查制度等一系列安全管理措施，填补了国内直流工程安全管理方面的空白。

1.4.3 安全生产管理体系健全

20世纪90年代，安全生产管理体系逐渐完善。针对人身事故发生原因，如无票作业、无安全措施等违章行为，湖北省电力局先后制定了《防止人身伤亡事故十项纪律》《习惯性违章典型行为12条》，提出防止电力生产重大事故主要措施，开展创建"无违章企业"等活动。为防止误操作引起人身伤亡，在各变电站普遍安装防误操作的闭锁装置。经过一系列防范工作，人身伤亡事故得到控制。进入21世纪，特别是2003年厂网分开后，人身安全管理向高层次、高水平阶段发展。

2014年，国家电网公司（简称国网公司）制定了《安全工作规定》，安全生产通过从人、财、物、机、法、料、环等各个方面制定相应的预防措施，由事后处理改变为事前控制，真正体现了预防为主的指导思想，在此基础上，国网湖北电力逐步形成一套"事前预防""事中控制""事后反思"的安全管理机制。

事前抓风险预防。建立健全全员安全生产责任制和安全生产规章制度，加大对安全生产资金、物资、技术、人员的投入，构建安全风险分级管控和隐患排查治理双重预防机制，健全风险防范化解机制。

事中抓流程控制。定期开展员工安全培训和入职培训，未通过考核的员工不得上岗作业。同时，加强教育宣传。一方面教育员工加强安全意识，在作业中遵守本单位的安全生产规章制度和操作规程，另一方面，明确违反法律后果的严重性。最后是提供必需的劳动保护措施。尤其是工作环境存在粉尘、噪声、重金属等职业病危害风险的企业，应给员工提供符合标准的劳动保护措施。

事后抓事故处置及应急响应。制定应急预案，强化事故应急救援演练。定期召开工作小结和安全分析会，分析工作进展情况以及不安全现象。针对工作中出现的问题，集思广益，采取积极有效的措施，做到持续改进。按照国家有关规定，发生安全隐患问题，应尽快报告事故情况，一小时内上报至有关部门。

2022年，国网公司启动安全管理体系建设探索。参照《职业健康安全管理体系》《企业安全生产标准化基本规范》等标准规范基础上，借鉴国内外大型企业体系建设经验，对现有安全管理工作再梳理、再优化、再提升，开始构建以系统化、程序化、文件化为特征，适应公司管理实际、保障公司战略落地的现代标准化管理体系。该体系由公司、中心及县（区）公司、班组三个层级组成，实行统一框架、分级建设、自主运行、逐级评价。同时，按照管理层级划分首次建立了包含安全管理手册、专业程序文件、风险管控手册、现场作业风险控制卡在内的安全管理制度文件体系。

2022年4月，国网湖北电力作为国网公司首批推广试点单位，率先成立体系建设领导小组、印发建设方案，全面启动体系试点建设工作。2023年3月同步开展体系常态化建设试运行，在工作组织、文件编制、体系宣贯、体系评价等方面全面试验改进。2023年11月完成全省地市公司安全管理体系建设验收工作，湖北公司安全管理体系初步建成。

1.4.4 鄂电安全文化建设形成雏形

2002 年开始，国网湖北电力按照国网公司统一部署，大力开展"安全生产月""安全生产万里行"活动。2002 年"安全责任 重于泰山"、2004 年"以人为本 安全第一"、2005 年"遵章守法 关爱生命"等主题安全活动陆续开展，国网湖北电力广泛开展强化红线意识、责任意识、法律意识方面的宣贯活动，同时将安全能力提升纳入员工培训重要内容，大力提升全员安全素质能力，努力营造良好的安全氛围，为安全文化理论形成打下广泛的群众基础。

2005 年，随着《国家电网公司电力生产事故调查规程》《国家电网安全奖惩管理规定》等规定的推出，国网湖北电力进一步完善安全工作奖惩规定，安全奖惩坚持精神奖励与物质奖励相结合、惩罚与教育相结合的原则，实行安全目标管理和以责论处的奖惩制度，为湖北电力安全文化建设提供了强有力的手段。

2012 年，国网湖北电力强化推进国网公司"相互关爱、共保平安"安全文化理念落地。这一时期，国网湖北电力建立健全安全监察机构，构建三级安全监察网络，探索安全风险管理，建设安全稽查队，不断完善"两票三制"、安全工作规定、事故调查规程、反违章工作规定等系列安全规章制度，深入开展"百日反违章"、安全生产"百问百查"、全员安规考试、施工人员承载力评估和各种安全大检查活动，狠抓现场管理，全面提高了安全管理水平和安全作业水平。企业安全事故的逐年减少和安全稳定水平的逐年提高，为安全文化建设提供了力量之源。

2014 年，国网湖北电力开始全面总结企业文化在安全生产领域的工作成绩和经验，推进企业文化与安全生产工作相互促进。安质部和党建部加强合作，重点打造了"安全你我他"企业文化落地安全领域实践项目，将"相互关爱、共保平安"的安全理念具象为"安全有你有我有他，安全为你为我为他，安全靠你靠我靠他"，通过引导广大干部员工认清安全生产"为了谁、依靠谁"，形成"人人重安全、人人会安全、人人保安全"的工作合力。同年，组织召开了"企业文化落地安全生产领域现场推进会"，当时的安质部、运检部、农电部、政工部、调度中心以及各二级单位都参加了会议，国网湖北电力安全文化建设集各部门、各单位之力，形成雏形。

这一时期，湖北电力持续推进文化落地实践项目建设，涌现了"李波教你做""光美有约""安全第一课""标准化示范基地"等一系列卓越的安全文化成果，在安全文化建设上擦亮了"湖北品牌"。2015年，公司获评"电力行业企业文化建设示范单位"。2017年，安全文化成果获评电力企业文化建设优秀成果一等奖，黄龙滩电厂入选全国安全文化建设示范企业。2020年，全面启动安全生产专项整治三年行动；安全风险管控平台以"三星"标准通过国网验收，数字化安全管控体系初步形成。

1.4.5 鄂电安全文化体系全面搭建

2022年，国网湖北电力在年度安全工作会议上明确提出，要系统总结安全生产经验教训，自上而下部署推动，自下而上提炼升华，把安全实践中行之有效的好经验、好做法提炼出来、固化下来，上升为安全生产的方法论，建设一套符合湖北电网特色和荆楚文化特点的安全文化体系。

经过公司党委挂牌督办、安全总监驻点主导、专业团队集中攻坚，安委会广泛征集全省7万余员工意见，打造"1+9+N"安全文化体系，凝炼了"务实尽责，共享平安"一个核心安全理念。包括"生命至上，安全第一""安全是一切工作的基础和前提""事故是可以避免的"等九大安全理念，责任落实、风险管控等6个安全管理文化，人身、电网、设备等10个专业安全文化，倒闸操作、高压试验等25个作业安全文化以及8个安全创新案例。

2023年，国网公司提出了"安全第一、人人尽责、重在现场、事前预防、真抓实干、铁腕治安、久久为功、守正创新、安全效益、共享平安"十个核心安全理念，与国网湖北电力安全文化体系遥相呼应，既为湖北电力安全文化发展指明了方向，也坚定了湖北电力安全文化发展的信念。

在此基础上，国网湖北电力分层分级推进文化落地。率先开展安全文化示范建设，试点打造武汉特高压换流变电站安全文化建设标杆站和六指供电所安全文化实践示范点。大力构建安全文化物态载体，全面建设安全文化"一阵地一室一墙"。营造浓厚的安全文化氛围，编撰出版《国网湖北电力有限公司安全文化手册》，摄制《文化筑安 光耀荆楚》宣传片和《平安》歌曲，同时广泛开展"安全文化大家谈"活动。至此，湖北电力各单位充分发挥主观能动性，广泛设立安全文化主页专栏，举办安全文化知识竞赛，成立安全宣讲团，组织安全文化进班组活动，掀起一轮"全员发动、人人参与"的文化热潮。

2024年，国网湖北电力明确让安全文化先"落"下去再"立"起来的思路，构建安全理念靶向认同、专业特色举措、安全文化作用的湖北特色班组安全文化建设蓝本，在制度执行、专业文化、"四个管住"和强责固基四个方面，突出传承融合、理念认同、落地实践和示范引领，加快构建"人人讲安全、公司保安全"的安全文化新格局。

第 2 章

安 全 文 化
建 设 理 论

电力企业的安全文化建设，必须坚持"安全第一、预防为主、综合治理"的指导方针，尊重和保障员工的生命安全和法定权益。通过教育和培训，提高员工的安全意识和自我保护能力。同时，电力企业应积极采用先进的安全技术和安全管理方法，构建科学、规范的企业安全管理体系，不断适应新形势下国家与行业的安全需求。

2.1 安全文化的定义及范畴

2.1.1 安全文化的定义

目前对于安全文化的定义有很多种。不同的角度，不同的领域，不同的应用目的，人们对安全文化的理解和定义也会存在一定的不同，大体可以分为"狭义说"和"广义说"两种。

安全文化的狭义一说，起源于安全文化的萌芽阶段，随着安全文化研究的逐步深入，安全文化的内涵也逐渐补充完善。1986年国际原子能机构

（IAEA）国际核安全咨询组（INSAG）在提交的《关于切尔诺贝利核电厂事故后评审会议的总结报告》中首次提出了"安全文化"（Safety Culture）这一概念，并在1991年"75-INSAG-4"评审报告中首次就"安全文化"给出了明确定义。国际核安全咨询组（INSAG）认为"安全文化是存在于单位和个人中的种种素质和态度的总和，它建立一种超出一切之上的观念，即核电站的安全问题更因其自身的特殊性，受到足够高的重视。"

尽管这一定义在当时被广泛引用，但是随着安全科学的不断发展，各个机构又在此基础上进一步完善并提出了自己对于"安全文化"的定义。

英国健康安全委员会核设施安全咨询委员会（HSCACSNI）认为INSAG的定义没有考虑到能力等因素，通过研究得出了一个有广泛影响力、至今常用的定义："一个单位的安全文化是个人和集体的价值观、态度、能力和行为方式的综合产物，它取决于安全健康管理上的承诺、工作作风和精通程度。"

由于上述对"安全文化"的定义都强调文化或者安全内涵的某一层面，因此通常被认定为安全文化的"狭义说"，与之相对应的"安全文化"也存在"广义说"。"广义说"下的"安全文化"与"狭义说"相反，"广义说"的"安全文化"通常会对"安全"和"文化"两个概念都做广义解。在"广义说"的概念下，安全不仅包括生产安全，还可以在此基础上扩展到生活、娱乐等领域的公共安全；文化的概念不仅包含往常所说的人文方面中的观念文化、行为文化、制度文化等，还要包括物态文化等硬件方面，总结起来"广义说"认为的安全文化就是人类在生存领域为了保障自身的安全与健康，所创造的物质财富和精神财富的总和。

综合上述两种安全文化的定义类型，我国在2008年颁布的AQ/T 9004—2008《企业安全文化建设导则》中提出，企业安全文化就是被企业组织的员工群体所共享的安全价值观、态度、道德和行为规范组成的统一体。在此基础上通过综合的组织管理等手段，使企业的安全文化不断进步和发展的过程就是企业安全文化建设的过程。《企业安全文化建设导则》作为行业标准，是目前我国各企业对安全文化定义最权威的参考。

2.1.2　安全文化的范畴

从安全文化的定义出发，不难发现安全文化其实是一个抽象和多因素的集合概念，安全文化可以包含的对象、领域、范围是广泛且多元的。因此，对于安全文化的建设就需要多层次、多方面地进行，这也符合近些年提出的"大安全"的概念，因此我们需要从比较大的范畴来认识安全文化。

鉴于安全文化具有的多元化特点，其范畴可以从多个角度进行划分和拓展。下面分别从安全文化的形态体系、对象体系和领域体系三个角度进行更详细的介绍。

首先，从安全文化的形态体系来理解，可以将其分为四个不同的层次：安全观念文化、安全行为文化、安全制度文化和安全物态文化。其中，安全观念文化涵盖了人们对安全的信念、价值观和思想意识等精神层面的理解；安全行为文化则侧重于安全行为规范、操作流程以及应急预案等实践方面的内容；安全制度文化关注的是企业内部的安全制度、管理规范以及法律法规等组织层面的因素；安全物态文化指的是企业内部的设备、工具、建筑物等物质设施的安全标准和水平。

其次，从安全文化的对象体系来看，包括个体安全文化和群体安全文化两个方面。个体安全文化也就是整个人类社会中每一位社会成员本身所单独拥有的安全文化，它要求社会成员具备一定的安全意识和安全知识，但是由于每一位社会成员的受教育程度、成长经历、对安全文化的认识等方面存在差异，就会导致个体安全文化在每个社会成员中存在差异。个体安全文化是构成群体安全文化的基础。群体安全文化则更强调组织和管理，是由特定群体集合所共有的安全文化，是个体安全文化的集合，可以反映出特定群体整体的特征，它更多出现在群体中，会要求有完整的安全体系，明确各层级之间不同的安全职责和安全目标。

最后，从安全文化的领域体系来看，安全文化可以分为企业外部社会领域的安全文化和企业内部领域的安全文化两个方面。企业外部社会领域的安全文化一般会涉及社会成员的家庭、群众社区、各种娱乐场所等方面的安全问题，是广泛存在于人民群众之中的、随着社会发展自然形成的安全文化，它的发展承载着人们对于美好社会的期望，是与时俱进的，也可以叫作社会安全文化，社会安全文化更多地要求人们具备基本的安全意识和自救互救能力。而在企业内部领域中，安全文化是一个企业或者一个组织内部的安全价值观、安全行为规范、行为准则、道德规范的总和，相对于社会安全文化，企业安全文化更强调对人员安全、设备安全和环境安全的重视以及维护。这种安全文化更多是通过企业安全教育培训、安全规章制度、安全管理制度等方式来影响员工的安全行为习惯与安全工作态度，从而影响企业的安全生产和经营。

2.2　企业安全文化建设的目的和意义

2.2.1　企业安全文化建设的目的

1. 安全文化建设的目的

从整个社会的角度来看，安全文化建设的目的是确保公众的生命安全和身体健康。通过强化安全意识，提升社会对安全风险的识别和防范能力，进一步减少各类事故的发生，降低社会整体风险水平，构建更加安全稳定的社会环境，增强社会凝聚力和向心力。

2. 企业安全文化建设的目的

企业安全文化是企业文化的重要组成部分，关系到员工的生命安全和身体健康以及企业的稳定发展和长远利益。对于生产经营企业来说，企业安全文化建设的目的主要有以下八个方面：

（1）企业的安全文化建设能够有效提高员工对工作安全问题的认识，增强安全意识，从而降低事故发生率。

（2）企业建立良好的企业安全文化，有助于降低事故风险，减少事故发生后造成的人员伤亡和财产损失，在理想情况下可以避免因事故导致的人员伤亡和财产损失，达成"零事故"的目标。

（3）企业的安全文化建设是企业形象树立的关键环节之一，注重安全文化建设的企业能够树立良好的公众形象，提高企业的社会形象和市场竞争力。

（4）企业树立良好的安全文化可以保护员工的生命安全，保障员工合法权益，提高企业员工的满意度和忠诚度。

（5）企业安全文化建设是企业可持续发展的重要组成部分，良好的企业安全文化可以保障企业生产顺利进行，保障企业长期稳定发展。

（6）新版《中华人民共和国安全生产法》的立法思想是企业安全文化建设的宗旨和指导思想，因此，企业安全文化的建设是企业履行相关法律法规责任必不可少的一环。

（7）企业安全文化的建设有助于企业确定自身的生产经营理念，并在潜移默化中提高企业员工对企业生产经营理念的接纳度。

（8）企业安全文化可对企业的管理层和决策层提供智力支持，提高企业决策的科学性和有效性。

2.2.2 企业安全文化建设的意义

1. 安全文化建设的意义

从整个社会的角度来看，建设安全文化的意义主要在于通过安全文化建设，增强全民的安全意识和素质；同时，安全文化建设是实施安全发展战略的必然要求，有助于实现安全与速度、质量、效益相统一，确保人民群众平安幸福，享有改革发展和社会进步的成果。

2. 企业安全文化建设的意义

对于生产经营单位，进行企业安全文化建设，具有以下三点意义：

（1）企业的安全文化建设是预防事故的一种"软对策""软实力"，企业安全文化建设是预防事故发生的第一道防线，对预防事故具有长远的战略性意义。企业可以通过建立良好的安全文化，营造一种安全、稳定、和谐的工作氛围，使员工养成良好的安全习惯，从而有效预防事故的发生。

（2）企业安全文化建设是预防事故的"人因工程"，企业安全文化建设以提高企业全员的安全素质为最主要任务，通过培养员工的安全意识和安全技能，从而提高员工的安全素质，有效预防和减少事故的发生，具有保障安全生产的治本性意义。

（3）企业安全文化建设通过创造一种良好的安全人文氛围和协调的人、机、环境关系，对人的观念、意识、态度、行为等形成从无形到有形的影响，从而对人的不安全行为产生控制作用，以达到减少人为事故的效果。除此之外，企业通过建立良好的安全文化，可以为企业提供一个持久的安全保障，使企业在长期的发展中更加稳定、可靠，因而具有优化安全氛围的长效性意义。

2.3 企业安全文化建设的功能和作用

2.3.1 企业安全文化建设的功能

安全文化的建设对企业发展和提高人的安全素质具有重要作用，表现为影响力、激励力、约束力、导向力等功能。

影响力是通过观念文化的建设，影响决策者、管理者和员工对安全的正确态度和意识，强化每一个人的安全意识。

激励力是通过观念文化和行为文化的建设，激励每一个人安全行为的自觉性，对于企业决策者而言，这需要决策者重视安全生产的投入，保持积极的管理态度；对于员工来说，则体现在自觉遵守安全生产操作规程和规章制度方面。

约束力是通过管理文化的建设，提高企业决策者的安全管理能力和水平，规范其管理行为；通过制度文化的建设，约束员工的安全生产施工行为，避免员工违章行为。

导向力是对全社会每一个人的安全意识、观念、态度、行为的引导。对于不同层次、不同产业或生活领域、不同社会角色和责任的人，安全文化的导向作用既有相同之处，也有各自独特的差异。如对于安全意识和态度，无论什么人都应是一致的；而对于安全的观念和具体的行为方式，则会随具体的层次、角色、环境和责任的不同而不同。

2.3.2 企业安全文化建设的作用

对于企业来说，安全文化的建设作用主要体现在以下四个方面：

（1）安全文化建设是企业安全生产工作的重要保障。安全文化是人类安全生产和安全生活各项活动所创造的物质财富和精神财富的总和，是安全生产的保障要素之一。全面落实"安全第一、预防为主、综合治理"的安全生产方针，就要求企业大力建设安全文化，把安全文化建设作为安全生产工作的首要任务，形成全企业"关爱生命、关注安全"的氛围。

（2）安全文化建设是提高企业安全生产保障水平的根本途径。人的因素在安全生产中至关重要，员工安全素质、意识和制度的落实是预防事故的核心。只有通过加强企业安全文化建设，深化安全生产教育，提升员工素质，确保安全生产工作在思想、制度、技术、监督和事故处理上全面到位，才能实现企业本质安全。

（3）安全文化建设是推动企业安全生产各项工作的强大动力。安全文化是安全生产的基础，与安全法治建设、安全责任落实、安全科技发展、安全监管强化、安全宣传教育等其他各项工作具有十分紧密的联系。安全文化建设为安全生产各方面工作扫清思想障碍，营造良好的舆论氛围，鼓舞工作热情，为安全生产全面推进提供动力。

（4）安全文化建设水平是企业安全生产整体工作水平的集中体现。企业安全文化建设是安全制度和安全措施落实的体现，是形成长效机制的关键。企业安全文化建设是一项长期性工作，需要企业制定总体规划，从细节出发，将安全文化融入企业日常工作，培养全体员工安全生产责任感，为企业安全生产提供坚实保障。

2.4　企业安全文化建设原理

2.4.1　人本原理

安全文化建设的核心在于"人本安全原理"。企业在安全文化建设的过程中追求的不仅是员工表面的安全行为，更是要培养出具有内在安全意识的"本质安全型员工"。

"本质安全型员工"的标准有时时刻刻想安全，预防潜在风险—安全意识；处处要安全，积极遵守安全规范—安全态度；主动学习安全知识，提升安全认知水平—安全认知；掌握安全技能，能够妥善应对安全问题—安全能力；将安全理念转化为实际行动，保障相关工作符合安全标准—安全行动；致力于实现安全目标，确保每一项任务都能够安全、高效完成，达到事事安全—安全目的。

为了塑造和培养"本质安全型员工"，一般从安全观念文化、安全行为文化两个层面着手，即通过安全教育和安全培训，强化员工的安全观念，建立正确的安全价值观；通过安全实践和操作示范，引导员工形成良好的安全行为习惯。并在此基础上，通过增加激励机制，激发员工对安全工作的热情和动力；构建完整的安全理念体系，帮助员工将安全行为内化于心、外化于行；增加心理教育，提高员工对安全工作重要性的认识，增强责任感；定期开展安全教育和安全培训活动，提升员工安全知识和安全技能；由安全部门牵头，开展相关主题活动、竞赛，提高员工对安全知识学习的主动性等手段，使员工在企业工作过程中不断学习安全知识，逐渐向"本质安全型员工"靠拢。

2.4.2 安全目标偏离最小化原理

安全文化建设的"安全目标偏离最小化原理"是指通过安全文化建设，使偏离组织安全目标的角度或程度最小化的理论和方法。文化起着目标愿景、行为规范和组织结构的整合作用。

企业或社会的共同安全理念在向组织的最高安全目标努力的过程中，可能会受到各种外部因素的干扰（如经济环境、社会环境、政策变化等），偏离最高安全目标的方向，如图2-1所示。图中O点代表共同安全理念或价值观，

M点代表组织的最高安全目标，OL和ON表示在外部因素干扰下共同安全理念产生的偏移，α和β分别为OL和OM、ON和OM的夹角，即文化偏离角。当α和β减小时，OA和OB增大，从而使A点和B点更接近最高安全目标M。安全文化建设的"最小偏离角"表明，共同的安全理念必须与组织最高安全目标一致，才能产生最大的文化合力，当受到外部因素干扰产生偏离时，必须通过组织全体成员的安全文化建设使偏离角最小化，从而实现共同的价值取向。

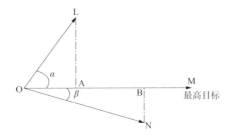

图2-1　安全文化建设安全目标偏离最小化原理示意图

2.4.3　球体斜坡力学原理

安全文化建设的"球体斜坡力学原理"如图2-2所示。这一原理的含义是：安全状态就像一个停在斜坡上的球，物的固有安全、现场的安全设施和人的安全设备，以及各单位和社会的安全制度和管理，是"球"的基本"支撑力"，对安全的保证发挥着基本的作用。仅有这一支撑力是不能够使安全这个"球"稳定和保持在应有的标准和水平上的，这是因为在社会的系统中存在着一种"下滑力"。这种不良的"下滑力"是由于如下原因造成的：一是事故的特殊性和复杂性，如事故的偶然性、突发性，违章不一定造成事故等客观因素；二是人的趋利主义。即安全需要投入，增加成本，反之可以将安全成本变为利润；三是人的惰性和习惯，人在初期的"师傅"指导下形成的习惯性违章，长期的"投机取巧"行为形成等。这种不良的惰性和习惯是由于安全规范需要付出气力和时间，而违章可带来暂时的舒适和短期的"利益"等导致的。

要克服这种"下滑力"需要"文化力"来"反作用"。这种"文化力"就是先进认识论形成的驱动力、合理价值观和科学观的引领力、正确意识和态度的执行力、道德行为规范的亲和力等。

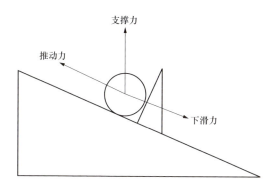

图2-2　安全文化建设"球体斜坡力学原理"示意图

2.4.4　收敛原理

安全价值观"收敛原理"是指企业通过安全文化建设形成合力，使不同的价值观的员工，收敛到共同的安全价值理念取向上，统一意志，为共同的安全目标而努力。安全文化建设是一个不断收敛不同价值观的过程，收敛不同价值观需要两种力量共同作用，一是建设先进安全文化的推动力，二是统一价值观体系的向心力。只有两股力量形成合力，才能使不同的价值观逐渐收敛到共同的安全价值理念上。

企业中存在不同的价值理念和价值观，安全文化建设不仅要提炼企业的核心价值理念，而且要将这些不同的价值理念和价值观收敛到共同的核心价值理念上，在企业内部凝聚共识。安全文化建设的价值观"收敛原理"如图2-3所示，图中O代表共同的安全理念或安全价值观，M代表组织的最高安全目标，O1、O2分别代表不同的理论或价值观，AB1、AB2分别代表建设先进安全文化的推动力和同一价值观体系的向心力，AB是AB1和AB2的合力，代表安全文化建设对多元价值观和理念的再塑造作用。

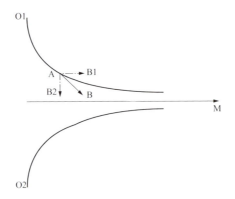

图2-3　安全文化建设"收敛原理"示意图

2.4.5　文化力场原理

安全文化建设的"文化力场原理"是指企业通过安全核心理念和安全观念文化体系的建立，形成一种能够吸引公众或员工的文化力场或氛围，从而引领企业全员实现安全愿景和安全目标。安全文化力场是一种软实力，是安全文化和安全意识形态的吸引力体现出来的力量。表面上安全文化确实很"软"，但却是一种不可忽略的力量。任何一个企业在提升安全生产保障条件硬实力的同时，提升本单位或组织的文化软实力也是非常重要的。提高企业安全文化软实力，不仅是企业安全生产保障的根基，也是企业安全生产保障体系中的重要支柱。

"力场"的概念来源于物理学，就像力可以通过力场影响周围事物一样，安全文化也能够通过安全文化力场吸引周围的注意力，对周围的人群施加潜移默化的影响。安全文化建设的目标，就是要通过建设和培塑企业文化，在企业内部形成积极向上的安全文化氛围，将企业员工分散的、不齐的安全意识和安全素质吸引到企业的安全文化氛围中去，引导企业员工的安全素养向企业的安全理念、安全价值观靠拢，使企业员工在工作中能够自觉地遵守安全法律法规和标准规范，遵守企业管理制度和标准作业程序，从而使整个企业的安全文化逐步提升。

安全文化建设的"文化力场原理"如图2-4所示，安全文化力场对公众的"影响"在图中用虚线直观地表示出来，称为"场线"。安全文化力场的内核是安全文化理念体系，如安全目标、安全态度、安全价值观，以及安全标准、安全规范、管理制度和作业程序等。安全文化力场吸引公众靠拢的"力"叫作"场力"，场力的作用具体通过两个方面表现出来，一方面是安全文化自身具有丰富的吸引力，另一方面是公众主动、自觉、自愿地向安全文化靠拢。从图2-4可以看出，场力越强，公众离力场内核的距离越近，场线越密集，公众就能够越快地向安全文化靠拢。公众与安全文化内核的距离主要由安全文化的实用性、科学性，以及公众对安全文化的认同和一致性所决定，场线的密度主要取决于安全文化建设实施的方式和方法。

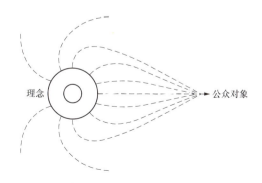

理念　　　　　　　　　　　　　　　　公众对象

图2-4　安全文化建设"文化力场原理"示意图

2.5 企业安全文化主要内容

为了便于建设企业安全文化，一般对安全文化在形态体系上进行进一步细分，也就是将安全文化分为安全观念文化、安全行为文化、安全制度文化、安全物态文化四个方面。

如图2-5所示，安全观念文化是核心、是灵魂，观念文化内化于心；安全行为文化是行动、是形式，行为文化外化于行；安全制度文化是制度、是规范，制度文化规化于文；安全物态文化是氛围、是载体，安全物态文化实化于物。

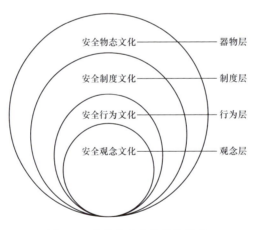

图2-5 企业安全文化结构体系

2.5.1 安全观念文化

安全观念文化是一个组织中所有成员对于安全的理解、态度和价值观的总和，是全体职工共同接受的安全意识、安全理念、安全价值标准，是企业管理层、决策层对安全管理的深层思考，是安全文化的核心、灵魂和精髓，是形成和提高安全行为文化、安全制度文化和安全物态文化的基础和原因。安全观念文化通过对企业职工的教育、培训和日常工作实践来形成与传播。

安全观念文化通常包含预防为主、安全是生产力、安全第一、安全就是效益、风险最小化、最适安全性、安全超前、安全管理科学化八大观念。在企业内培养和弘扬安全观念文化可以为企业稳定发展提供保障，减少事故发生，保障职工生命健康，使企业在实现社会责任的同时提升企业形象。

2.5.2 安全行为文化

安全行为文化是企业安全文化的一个重要组成部分，是安全观念文化的反映，是安全文化的主体、形式，是人们在安全观念文化的指导下形成的安全行为准则、安全行为规范和安全习惯。安全行为文化强调员工个人责任和行为在保障工作场所安全中的重要性。良好的安全行为文化可以有效地减少工作场所的事故发生率，增强员工的安全意识，增强企业的整体安全性。

在企业安全行为文化建设过程中，需要企业管理者的积极推动和支持以及员工的积极参与和实践两方联动，并通过持续的教育和培训，以及对安全行为的持续监督和反馈，不断强化员工的安全行为习惯，形成一种积极的安全行为氛围。

2.5.3 安全制度文化

安全制度文化是企业或组织在安全管理的过程中，形成的一套关于安全的规章制度、政策、程序以及这些制度的执行和遵守情况，是企业安全观念文化和安全物态文化对企业领导和企业职工要求的具体体现，是安全文化的表现与方法，是安全观念文化能够产生结果和物化体现的工具。

安全制度文化一般包括安全政策、安全规章制度、端正法制态度、安全程序、制度执行和遵守情况六个方面，安全制度文化的建设是一个长期的动态过程，需要企业管理层和决策层以及全体员工主动参与，形成一套成熟、有效、可以有效降低企业事故发生率的安全管理体系，并根据企业生产经营状况进行及时的调整、完善与改进。

2.5.4 安全物态文化

安全物态文化通常是安全文化的表层部分，是安全观念文化和安全行为文化形成的条件和载体，是企业或组织通过物质形态来体现和弘扬其安全文化的环境状态和器物条件。包括安全设施、安全标志、安全设备、个人防护设备、安全操作流程等。这些物质形态不仅为员工提供了安全工作的环境和条件，也是企业对安全重视程度的体现。

安全物态文化的建设需要企业投入相应的资源，包括但不限于资金、人力、物力等。企业应该定期检查和维护安全设施和设备，更新和完善安全标志，提供适当的个人防护设备，制定和执行安全操作流程。通过多方努力，建立起强有力的安全物态文化，有效地保护员工的安全，提高企业的安全管理水平。

2.6 企业安全文化建设方法论

2.6.1 企业安全文化建设框架

企业安全文化建设应该讲科学、讲规律，用安全文化学理论来指导。

安全观念文化建设是安全文化建设的基础和核心，是安全制度文化、安全行为文化、安全物态文化的价值引领和思想导向。企业在建设安全观念文化时，需要树立正确的安全观，认识到安全对企业生产经营的重要性，将安全作为企业的基本原则和价值追求，坚定地以习近平总书记关于安全生产的重要论述为思想指导，树立"人民至上、生命至上""红线意识""安全发展"的先进观念文化。

安全行为文化建设是员工安全观念文化的外显，涉及企业和员工在日常工作中的具体行为，是员工安全素质的具体体现。企业在安全行为文化建设的过程中需要充分发挥决策层和管理层的带头作用，为职工树立正确的价值导向，提高企业职工安全素质，引导职工形成良好的安全行为和安全习惯，将安全观念转化为实际的安全行为。

安全制度文化建设是将安全观念转化为安全行为和安全物态的桥梁和纽带，是安全观念文化落地见效的重要方式和载体。企业在进行安全制度文化建设的过程中，需要向优秀企业不断学习，将先进的安全理念转化为具体的规章制度，保证安全行为得以执行，提高安全生产的执行力。

安全物态文化建设涉及企业的物理环境，可以发挥潜移默化的作用，通过文化氛围的影响，培养本质安全型员工，成为企业安全文化外在表现形式的载体。企业在进行安全物态文化建设时，需要保证工作环境的安全，提供安全的设备和设施，管理和控制可能存在的危险物，利用信息传播手段，在企业和社会营造良好的安全文化氛围。

2.6.2　企业安全文化建设基本原则

1. 科学理论指导原则

一是应用文化学理论，从安全观念文化、安全行为文化、安全制度文化、安全物态文化四个方面设计、建设体系；二是通过对工业安全原理和事故预防原理的研究，建设需要从人因、设备、环境、管理四要素全面考虑。

2. 人本原则

安全文化的建设首先要以人为本，关注员工的安全需要和权益。企业需要尊重员工的人格和尊严，保障员工的生命安全与财产安全。

3. 全员参与原则

安全文化建设需要全员参与支持。企业应该支持和鼓励员工积极参与安全文化建设，在增强职工安全意识和安全技能的同时，根据自身工作经验为企业的安全文化建设提出建议。

4. 预防为主原则

预防事故发生或者减少事故发生后的损失是企业安全工作的主要任务，企业应该通过增强员工的安全意识和安全技能，强化安全管理，减少相关事故的发生。

5. 持续改进原则

安全文化建设是一项长期工作，不是一蹴而就的，不能急功近利，需要持续优化，不断改进。企业需要不断学习和借鉴先进企业的安全管理理念和安全管理方法，不断改进和完善企业自身的安全管理体系，使得企业自身的安全文化建设能够与企业生产力相符合或者推动生产力发展。

6. 法制原则

企业的安全文化建设工作应该严格遵守国家的法律法规，建立健全的企业安全规章制度，确保企业的安全工作在法治轨道上进行。

2.6.3 企业安全文化建设重点环节

在实施企业安全文化建设工作时，可以按如下环节推进。

第一环节：理念整合。

提升安全意识和确立企业核心理念是企业的一项重要任务，旨在为全体职工提供精神、智力、决策和意识上的支持。安全价值文化建设帮助员工树立正确的安全观和科学理念，可以有效预防和减少事故的发生。企业安全理念涵盖多个方面，例如坚持安全第一的哲学观念，预防为主的风险观念，珍惜生命的价值观念，遵章守纪的法制观念，追求效益的经营观念，本质安全的科学观念，人机料法环的系统观念，持续改进的发展观念等，这些内容共同构成了企业安全观念文化的基础。

第二环节：管理优化。

将企业安全文化融入企业管理之中，能够充分提高企业安全管理水平，帮助企业有效地识别和控制潜在的安全风险，提升企业本质安全水平，降低事故发生的可能性。通过安全文化手段，持续凝聚员工共识，保障生命财产安全，提升企业的生产经营效益。为此，企业需要巩固企业发展战略，构建科学目标体系，完善安全治理措施，合理配置管理资源，提升安全技能素养，探索风险管理技术，形成全员参与的安全责任体系，持续改进的安全保证体系，闭环提升的安全监督体系，实现从他责到自责、从他律到自律、从被动安全到主动安全的转变，形成全面高效的安全管理体系。

第三环节：制度创新。

企业安全制度创新是企业适应社会、体制和生产力发展的关键。安全制度创新不仅能够提升企业安全管理的效率，还能够使企业能够更好地应对不断变化的生产环境，满足企业与社会的双重需求。通过安全制度文化创新，企业能够显著增强员工的安全意识，完善事前、事中、事后安全管理工作机制，有效预防和减少安全事故的发生，从而增强企业的持续发展动力，提升市场竞争力。企业制度创新内容主要包括安全责任、学习培训、素质提升、安全准入、风险预控、奖惩考核、应急处置等制度机制，以安全文化融入安全管理，可推动协同联动，保障安全生产运转有序、高效。

第四环节：行为良化。

纠正职工的不良行为习惯，是促进职工行为符合安全标准的关键。安全行为文化通过规范职工行为，提高安全素质，可以显著降低工作场所的事故风险，保障职工生命安全。企业职工的安全行为优化避免了企业因事故导致的工作中断或生产停滞，变相提升生产效率，增强了企业的社会竞争力。为了实现这一目标，企业应强化职工遵章守纪和言行规范，营造文明作业和团队文化，实现人机协调以提升效率和效益，定期进行能力评估和技能培训，确保资质培训和持证上岗，强调安全意识和授权许可，定期进行应急演练，坚决杜绝生产作业中违章指挥、违章作业、违反劳动纪律，确保不伤害自己、不伤害他人、不被他人伤害、保护他人不受伤害。

第五环节：形象塑造。

通过构建卓越的安全文化，可以创造良好的安全效益，塑造正面的企业形象，增强社会公众信任。在企业形象塑造过程中，应注重将安全文化元素融入其中，如企业标志、宣传册、宣传片等的设计制作都要体现安全文化的内涵和特色。通过这些视觉元素的展示和传播，使企业的安全文化形象更加鲜明和突出。企业形象塑造涵盖全面的高标准管理、先进技术、优秀业绩和深厚文化，以有效吸引和保留杰出人才，获得更多的社会支持，促进企业内外部顺畅交流，提高客户忠诚度和企业的核心竞争力。

2.6.4 企业安全文化建设基本方式

企业安全文化建设工程可通过以下基本方式来设计。

1. 企业层

对于企业安全文化建设来说，实用的手段和方式有：安全生产月、安全生产周、安全日活动、安全宣传墙报、安全竞赛活动、安全演讲比赛、事故报告会等。常见的形式有：

安全文艺类：晚会、电影、电视；

安全宣传类：晚会、标语、墙报、贺卡；

全员参与类：查一个事故隐患、提一条安全建议、创一条安全警语、讲一件事故教训、当一周安全监管员、献一笔安措经费等。

2. 管理层

在管理层及决策者的安全文化建设中，有行政管理手段、经济手段，有安全检查、安全评价、风险评估、应急预案，事故保险等实用的手段。常见的管理方法和原则有：

"三同时"原则：落实新建、改建、扩建工程的劳动安全卫生设施必须与主体工程同时设计、同时施工、同时投入生产和使用的；

"五落实"原则：在计划、布置、检查、总结、评比生产工作的同时进行计划、布置、检查、总结、评比安全工作；

"三同步"原则：同步规划、同步建设、同步使用；

"三负责"制度：向上级负责，向职工负责，向自己负责。

3. 班组及员工层

可以通过岗前教育、日常活动、标准化建设、技能演练、现场定置管理、"6S"管理活动等手段和方式来推进安全文化的建设。常采用一些手段和方式有：

素质工程：班组长素质提升、员工素质提升；

安全对策：群策、群力、群管；

亲情助安：家属安全教育、亲情教育式活动；

班组活动：班组建小家、"绿色工位"、事故预想、风险识别、"仿真"演习、应急演练等。

4. 生产现场

生产现场的安全文化建设可以采用设立安全标语、旗帜，使用安全标志（包括禁止标志、警告标志、命令标志和提示标志），设置事故警示牌等，实施技术和工艺的本质安全化。例如：

现场"三标"管理：质量、环境、健康安全标准化建设；

实行"三治"治理：针对尘埃、毒物和烟雾治理；

开展"四查"检查：针对岗位、班组、车间和厂区检查；

实行"三点"控制：针对事故多发点、危险点、危害点控制。

2.6.5　中外企业安全文化建设典型模型

1. 杜邦的企业安全文化建设

杜邦公司在企业安全文化建设上，始终秉承着"安全第一"的企业核心理念，将这一安全理念深植于企业文化的每一个角落。由公司层面倡导推动全员积极参与企业安全文化建设，通过持续的职工安全教育和职工安全培训，不断加强职工的安全意识和自我保护能力。杜邦公司深知，安全不仅是员工的个人责任，更是企业对社会责任的体现。因此，杜邦公司不断优化安全管理流程，提出了八大安全理念和十大安全管理原则，确保每一项安全措施都能落实执行，为员工创造一个零事故的工作环境。

同时，杜邦公司将安全文化与创新精神相结合，鼓励员工积极在安全领域进行探索和创新。杜邦公司坚信，通过不断的技术创新和管理创新，可以更有效地预防和控制可能存在的安全风险。杜邦公司致力于构建一个开放、透明的安全文化氛围，让每一位员工都能够在安全问题上畅所欲言，由职工和企业共同推动企业安全文化的持续进步和不断发展。通过这些举措，杜邦公司不仅保障了员工的生命安全，也为社会的和谐稳定作出了积极贡献。

2. 中国核电的企业安全文化建设

中国核工业集团有限公司（简称中核集团）秉承党中央的核安全观，确立了以"核安全是企业的生命线、职工的幸福线"为核心的企业安全文化理念。这一理念不仅成为企业运营的指导方针，更是全体员工的行为准则。通过"863基本动作纲领"，中核集团明确了领导的八个坚持、员工的六个做到以及组织的三大法宝，全面强化核安全文化建设。此外，中核集团还发布了《卓越核安全文化十大原则》等标志性成果，通过定期的经验交流会，与行业内外分享核安全文化建设的经验和成果，推动核安全文化在更广范围内的传播与实践。

在宣传推广方面，中核集团利用微信公众号等新媒体平台，大力宣传核安全文化，引导职工从"要我安全"向"我要安全""我会安全"转变。同时，中核集团积极运用数字化、智能化手段，提升安全监管和风险控制能力，确保核安全文化建设与时俱进、创新发展。通过这一系列举措，中核集团不仅提升了自身的安全管理水平，更为整个核电行业的安全发展作出了积极贡献。

3. 中国民航企业的企业安全文化建设

中国民航企业自成立以来，一直将"安全是民航业的生命线"的理念作为企业安全文化建设的核心理念。并将这一理念深植于民航运营的每个环节，成为全体员工共同遵循的行为准则。中国民航企业坚持"安全风险可防可控"的安全管理原则，不断强化安全风险意识，居安思危，从源头上预防和控制安全风险的发生。通过科学的安全管理方法和有效的风险控制措施，中国民航企业坚定了安全风险可控的信心和决心，全力以赴保障航空安全，履行对乘客、企业、社会和国家的责任。

在推动安全文化理念的宣传和实践方面，中国民航企业采取了多元化的措施。中国民航企业利用内部培训、安全教育、应急演练等多种方式，提高员工的安全意识和应对突发事件的能力。同时，通过建立安全文化长廊、安全知识竞赛、安全主题征文等活动，激发员工参与安全文化建设的积极性，营造浓厚的安全文化氛围。此外，中国民航企业还积极运用数字化、智能化技术，提升安全管理的信息化、智能化水平，实现对安全风险的实时监控和预警，确保航空安全万无一失。通过这一系列举措，中国民航企业不仅提高了自身的安全管理水平，也为民航行业的安全发展作出了积极贡献，赢得了社会各界的广泛认可和赞誉。

4. 中国神华的企业安全文化建设

中国神华能源股份有限公司（简称中国神华）自成立以来，始终将"一切风险皆可控制，一切事故皆可避免"作为企业安全生产的核心主旨和总目标，执行"党政同责、一岗双责、齐抓共管、失职追责"的工作要求。在生产经营中，中国神华秉承"安全风险皆可防控"的理念，不断强化风险意识，居安思危，坚持从源头防控安全风险的产生。通过科学应对和有效管控，中国神华坚定了风险皆可控制的信心和决心。公司致力于千方百计防风险、除隐患、保安全，以高度的责任感做到对社会、企业、职工、家庭和生命的全面负责。

在推动安全文化理念的宣传和实践方面，中国神华还采取了多种创新方式。公司利用微信公众号等新媒体平台，广泛传播企业安全文化理念，构建起全方位的安全文化学习系统。通过机械换人、自动化减人等科技手段，有效防范灾害事故的发生。此外，中国神华还通过举办安全知识竞赛、安全技能竞赛、综合应急演练和专项应急演练等活动，激发员工学习安全知识的热情，提高员工的安全技能和应急能力。这些举措不仅保障了员工的健康权益，也为企业的可持续高质量发展奠定了坚实基础。

第 3 章

电力企业安全
文化建设要点

随着电力行业的快速发展，安全管理不断向科学化进阶，电力企业安全文化建设已经成为安全管理向更高层次迈进的必然要求，是电力安全管理工作的灵魂。近年来，广大电力企业从理念整合、管理优化、制度创新、行为良化、形象塑造等方面，不同程度地采取了多种措施来提升安全文化建设水平，形成了一系列安全文化典型经验和实践成果，在企业高质量发展中发挥了至关重要的作用。

3.1　电力企业安全行为研究

3.1.1　电力企业安全现状

电力行业是一个高度技术化、复杂化的行业，涉及众多环节和人员。纵观近年来整体安全形势，电力行业内部实施的安全制度及安全保障的成熟程度与安全生产事故的年均发生总数，电力生产、设备事故起数，电网事故起数总体均呈现出明显的反比关系，符合安全生产总体稳定的形势，但电力生产人身伤亡事故数和死亡人数却有所增加。

从伤亡事故产生的机理来看，安全事故是人与人、人与物、人与环境、物与物、物与环境之间的正常关系失控而产生的后果，即人的不安全行为和物的不安全状态，而物的不安全状态归根到底也是人为因素造成的。有研究表明，影响安全的因素主要是人的因素、物的因素和环境因素，电力行业安全生产事故中人的因素占比高达50%~80%。

电力企业是关系国家能源安全和国民经济命脉的特大型国有重点骨干企业，拥有较为完备的规章制度和严格的安全管理机制，然而人身事故依然没有杜绝，恶性误操作、恶性违章、小范围停电事件仍有发生。

根据国网公司系统典型事故事件中的47起事故事件原因类型绘制出图3-1，可以看出：人的因素、设备因素、环境因素、其他因素占比分别为63%、17%、19%、1%。具体的占比可能因不同的研究、统计方法和数据来源而有所差异，但无论如何，人的因素在电力行业安全生产事故中占比最高是一个普遍认可的事实。

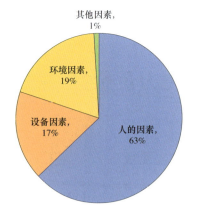

图3-1　导致事故发生各因素占比比例图

作为电力安全生产省级企业单位，国网湖北电力始终遵循国网公司安全管理工作方针，严格落实各项安全规章制度，保持着安全生产40年的长周期安全记录，2023 年更是迈入了"华中区域领先、国网第一方阵"的行列。然而，作业现场习惯性违章依然存在，少数干部和员工安全认识不深、安全作风不实、制度执行不严等问题与"干在实处，走在前列""务实尽责，共享平安"企业安全目标不匹配，对标建设世界一流企业仍然存在差距。

3.1.2 电力安全生产不安全行为分析

安全生产现状表明，人的因素对电力安全生产起着决定性的作用。以目前国网湖北电力少数干部和员工存在的不良行为为例，分析如下。

1. 安全认识不深的问题

有认知局限的原因，受自身知识结构或思维方式的限制，对安全工作的重要性和复杂性缺乏深刻理解；有心存侥幸的原因，认为危险不会轻易发生在自己身上，从而忽视安全细节；有环境影响的原因，如没有足够的安全提示和警示来强化安全意识，以及周围人对安全不够重视，形成不良氛围，潜移默化地影响个人的安全观念等。

2. 安全作风不实的问题

有责任心缺失的原因，表现在个人价值观、安全理念与企业安全目标存在偏差，导致自主安全的动力不足，对承担责任的积极性不高；有不良工作习惯的原因，如对规章制度、作业流程的形成和建立缺乏理解，过分依赖经验行事，养成了不利于安全工作的行为模式，如习惯性违章；有组织文化影响的原因，所在组织（如部门、班组等）安全文化氛围不浓，没有良好的安全榜样示范，没有形成人人重视安全的风气。

3. 制度执行不严的问题

有教育培训不到位的原因，相关人员没有接受足够的安全知识和技能的培训，对规章制度不熟悉、不理解，对潜在风险和防范措施认知不足；有工作压力与疲劳的原因，人在长期高强度工作和疲劳的状态下，容易忽视制度的执行；有监督管理不力的原因，监督机制不健全，或者缺乏有效的激励机制，都会导致制度的执行打折扣。

3.1.3 安全行为的影响因素

造成上述问题的原因还有很多，较难一一列举。无论是在国网湖北电力，还是在整个电力行业中，人的不安全行为的主要影响因素基本上可以归为内在因素、环境因素以及企业安全文化三方面。

1. 影响安全行为的内在因素

影响安全行为的内在因素有很多，主要包括个性心理因素和生理因素。其中，个性心理因素包括情绪、气质和性格；生理因素包括健康状况、疲劳程度等。这些因素相互作用，共同影响人的安全行为。

一般情况下，人的情绪处于兴奋状态时，思维和反应比较灵敏，安全意识较强；人的情绪处于抑制状态时，思维和反应比较迟缓，安全意识较弱。

人的气质也会对安全行为产生影响。例如：多血质的人敏捷，情绪变化快，安全意识较强，但有时不稳定；胆汁质的人易于激动、暴躁，安全意识较前者差；黏液质的人工作中能坚持不懈，但对环境变化的适应能力差；抑郁质的人工作中能表现出坚持精神，但动作反应慢。

英国心理学家培因将人的性格分为情绪型、理智型、意志型等。情绪型的人容易受到情绪的干扰，在工作中也容易被情绪左右，经常出现冒险行为，安全意识较弱；理智型和意志型的人更多采取理性思维，很少出现冒险行为，安全意识较强，能更好地完成工作。

疲劳会使人的注意力下降、反应能力减弱、心理状态不稳定，可能发生不安全行为，造成工作失误。长期疲劳还会导致人体的免疫力下降，容易感染疾病，从而影响工作安全。

此外，莽撞心理、侥幸心理、倦怠心理、粗心心理、麻痹心理、好奇心理等不安全型的心理特征也是一些人所持有的，这些不安全的心理特质在精密复杂、环境危险的工作中，隐性危害更大。

针对这些不良心理特征，国网湖北电力就曾为公司中的"隐患人群"进行过精准画像——"要紧盯冒冒失失的'莽撞人'、稀里糊涂的'勤快人'、不守规矩的'散漫人'、大大咧咧的'粗心人'、责任心缺失的'不靠谱人'和业务不熟的'新入职人'。在安全培训、技能锻炼上，对这'六种人'要有针对性措施；在安排工作、组织作业时，对这'六种人'要高度关注，做到有人带、有人管、有人领，不能脱管失控。"

2. 影响安全行为的环境因素

环境的变化会影响和诱发人的心理、情绪和行为的改变。

在环境中潜在风险因素比较少的情况下，也就是积极良好的环境，如环境温度适宜、设备检修记录明确、安全警示标识完整等，这些可以保证员工在不受干扰的情境下作业，保障安全生产行为的顺利进行。由环境因素造成的事故主要是由于不良环境潜在威胁因素多，如温度过高或过低、噪音太大、空气污染、天气恶劣、设备缺陷等，这会导致员工产生不良的心理感受和消极的情绪体验，还会对其正常的作业行为产生干扰，甚至造成安全生产事故。

3. 企业安全文化对安全行为的影响

为什么事故多是人为因素？为什么有些员工有章不循，有令不从？为什么企业制定了那么多的安全规章制度，投入了大量的人、财、物用于安全管理，却仍然不能杜绝事故的发生？经验和事实告诉我们：仅靠常规的安全管理手段，很难从根本上解决人的责任心的问题。若缺乏正确的安全理念植入和科学的安全制度牵引，人的行为就容易出现偏差，在生产作业中的表现形式就是风险辨识不到位、规章制度不执行、防护措施不落实等，会极大增加事故发生的概率。反之，在一个优良的安全文化氛围中，先进的理念引领、合理的制度设计、高效的教育培训和良好的氛围熏陶，更容易使人"知其责、会履责、尽好责"。

安全行为是安全文化的外在表现，也是文化引导的结果。文化具有强大的精神力量，当以文化来管理时，它能够深入人心，触及灵魂。通过积极健康的文化引导，可以让员工在价值观、行为准则等方面形成高度的认同感和归属感，从而自觉地规范自己的行为，按照文化所倡导的方向去努力。这种管理方式不是依靠生硬的制度和强制手段，而是以一种潜移默化、润物无声的方式，塑造员工的思维模式和行为习惯，从根源上实现对人的有效管理和引导。

在企业中，优良的安全文化能够将安全理念植入员工的内心，使员工在思想和行动上与企业的安全目标和要求保持高度一致，从而激发员工的内在动力和责任感，自觉履行安全职责，主动学习和遵守安全规章制度，规范安全行为，形成全员共同守护安全的良好氛围，为企业生产运营提供安全稳定的环境，树立企业的良好形象和声誉，甚至推动社会安全水平的不断提升，最终铸就企业安全发展的坚实之魂。

3.2　电力企业安全文化建设思考

3.2.1　安全文化建设的基本思路

上述三方面因素对安全行为的影响，企业可以通过关注和改善员工个性心理因素、生理因素，优化生产环境和建设优良的安全文化等措施来改善。其中，企业安全文化这一因素的影响最为深刻和持久，而安全文化建设的过程也是最为系统且复杂的。

1. 安全文化建设应兼顾"健体"与"铸魂"

"健体"就是建立完善的安全制度体系、硬件设施和保障措施等，确保实际操作和环境的安全性。这包括规范的操作流程、完备的安全设施配备、严格的监督检查机制等，让员工在一个坚实的安全框架内进行活动。

而"铸魂"就是在员工的思想意识深处植入安全的理念和价值观。通过教育、培训、宣传等多种方式，使安全意识深入人心，成为员工自然而然去遵循和捍卫的准则。当每名员工内心都真正认同并将安全视为至关重要的事情时，才能缩小不良现状与公司工作目标、安全理念之间的差距，安全文化建设才能真正全面、深入、持久地发挥作用，保障企业安全、稳定、健康发展。

2. 安全文化建设的目标是培育"本质安全型员工"

"本质安全型员工"具备高度的安全意识、丰富的安全知识和熟练的安全技能。他们能够自觉地遵守安全规章制度，主动识别和规避潜在的安全风险，在工作中始终保持对安全的敏锐性和责任感。只有当员工都成为本质安全型员工时，整个工作环境的安全水平才能得到有效提升，安全文化建设才能真正取得实效、达成目标。

可以从以下几个方面着手：一是从安全观念文化和安全行为文化入手，强化安全教育和培训，让员工深刻理解安全的重要性和具体要求。二是帮助员工对安全规章制度充分理解和严格执行，持续强化安全行为，并适时给予有效的激励。三是创造良好的安全物态环境，丰富安全文化传播的途径和载体，营造浓厚的安全氛围，使安全理念深入人心，安全行为主动践行。四是关注员工心理和生理健康，科学监测和评估各层级、各岗位员工安全绩效，推动持续改进。

3. 安全文化建设能够形成"文化力场"

本书2.4.5清晰阐述了"文化力场原理"，当安全文化建设达到一定程度，形成强大的文化力场时，它会产生一种无形却极具影响的力量。这种力量会弥漫在整个组织或社会环境中，对身处其中的每个人产生约束、引导和激励的作用。

在这个文化力场中，安全价值观成为大家共同遵循的准则，安全行为得到推崇和鼓励，不安全的行为则会受到排斥和纠正。它能够促使员工自觉地规范自身行为，积极维护安全环境，并且相互监督和提醒。同时，这种文化力场还能不断吸引新的成员融入其中，共同推动安全文化的持续发展和深化，从而保障各项活动在安全、和谐、稳定的氛围中顺利进行。

国网湖北电力通过高水平的安全文化建设，正逐步形成强大的文化力场，将各层级、各岗位员工分散的安全意识和不及的能力、素质，不实的工作作风吸引到良好的安全文化氛围中去，引导全体员工向公司提出的"干在实处，走在前列""务实尽责，共享平安"工作目标、安全理念靠拢。

3.2.2 安全文化建设中的不足

新时代下，广大电力企业都愈加重视安全文化建设，积极开展探索实践，切实为企业安全发展作出了重要贡献。同时，也需要正视安全文化建设中存在的不足。

1. 缺乏企业安全文化的系统构建

（1）在认知上，少数领导者对企业安全文化建设的重要性认识不足，觉得安全文化是很虚的东西，看不见、摸不着，长期忽视安全文化建设，导致推进过程中的人、财、物保障不足。还有的领导者对于什么是安全文化等基本问题认识不清，或是囿于对安全文化建设方法了解不足，从而影响了安全文化在企业内部真正地发挥作用。

（2）在方式上，一些领导者侧重于企业安全文化建设的后两个层次，即安全制度文化和安全物态文化的建设，而忽视了安全观念的培育和行为的引导，忽视了把正确的价值观渗透到企业人本管理之中的工作。表现在一些企业安全文化建设只是"运动式""突击式""展板式"宣传，方法和载体单一，往往偏重"安全文化墙"等外形，忽略了"安全素养培育"等内涵，没有形成浸润式培育。

（3）在推进中，企业安全文化和员工思想政治工作不能有效地结合起来，从而导致安全文化建设不能很好地融入企业人本管理之中，致使员工缺乏活力和动力。表现在部分企业缺乏党政工团的协同推进，缺乏专业部门和基层一线的深度参与，存在"上面等下面出经验、下面等上面拿思路"的现象。

2. 人本管理的理念没有落到实处

（1）安全管理"外驱力"与"内驱力"没有很好地平衡，严抓严管与人文关怀缺乏有机的结合。有的管理者过多地依赖行政手段来管理员工，安全监督考核层层加码，长此以往，容易抹杀员工的安全生产积极性和劳动热情，不利于员工形成安全管理的内驱力。如果仅依靠制度管理产生的外驱力，而不是帮助员工将外驱力转化为内驱力去主动作为，那么规章制度再齐全完备，也不会得到员工发自内心的认同和主动自觉地执行。

（2）激励的方式比较单一，不够科学和精准。如果仅仅依靠物质上的"重奖重罚"，从长期来看，效果只会逐渐弱化，缺乏持久性。只有树立以人为本的安全管理理念，把人看成具有安全工作思维和安全工作主观能动作用的人，准确把握人的需求层次，才能科学选取激励方式，有效激发和调动广大员工的安全生产积极性和创造性，企业安全才能长治久安。

（3）技术改良手段不足，科技创新力度不够。随着生产技术、工艺的改良与进步，生产效率的提高，电力行业的本质安全水平也在不断提升。但是在一些工作领域，老旧的设备和技术仍在持续使用，这些设备和技术可能存在安全隐患，难以适应日益提高的生产需求和安全标准。同时，使员工在面对新出现的安全风险和不良环境时，也可能因为缺乏创新的应对手段而难以有效解决，从而增加安全事故发生的可能性，无法有效保证员工的生命安全。

3.2.3 安全文化建设应把握好"五对关系"

文化认同是最深层次的认同。企业安全文化建设就是要建立起"员工内心认同"与"外在规则约束"间的桥梁，最终实现"群体价值认同、个体行为自觉"，塑造"本质安全型员工"。为此，需要把握好"五对关系"。

1. 企业文化与企业安全文化

对于企业文化的定义有许多，例如："企业文化是企业在经营活动中形成的经营理念、价值观念、经营行为、社会责任等的总和，是企业个性化的体现，是企业生存与发展的灵魂。"种种表述，其核心都是企业成员的思想观念，即企业的观念文化，决定着企业成员的思维方式和行为方式。企业文化对于一个企业的成长、生存和发展来说，看似不是最直接的因素，却是最持久的决定因素。

企业安全文化作为企业文化的重要组成部分，是企业在长期的生产经营活动中逐步形成的，并为企业员工普遍认同接受的，以安全价值观为核心的安全思想意识、行为规范、价值观念、管理理念等要素的总和。企业开展安全文化建设，就是将安全生产工作由自然科学领域扩展到了人文科学领域。

在企业文化与企业安全文化建设的过程中，有三个结合，即安全文化建设与建立现代企业制度有机结合，与企业管理创新有机结合，与实现企业可持续发展有机结合。

2. 安全管理与安全文化

安全管理主要是通过制度约束来强制规范人的行为，以产生服从行为为特征，实现"要我安全"。它是安全文化的一种表现形式，是安全管理文化，也是一种特殊的文化管理。

安全文化主要是通过引导人的主动意识和行为，以产生自觉行为为特征，实现"我要安全"。它是安全管理的基础和背景，是企业全员安全共识的核心和精神支柱。

与安全管理相比，安全文化建设更加侧重于运用安全心理与行为科学的理论和方法，能更加有效地从源头激发出员工的安全责任感与归属感。

在国网湖北电力多年来的安全工作实践中，安全管理不断丰富着安全文化内涵，而安全文化又引导、促进着安全管理不断进步。二者达到了有机的统一，共同营造出企业"人人讲安全，公司保安全"的良好氛围。

3. 顶层设计与文化自觉

顶层设计是从宏观、整体的层面上对安全文化建设进行规划和布局。它包括明确安全文化建设的目标、理念、原则等核心要素，构建系统的安全文化体系框架，确定实施的策略、步骤和重点方向等。它可以确保安全文化建设的全面性、协调性和可持续性，为企业安全文化的发展提供清晰的路线图和指导方针。

在安全文化建设中，文化自觉表现为企业及员工对安全文化的价值和重要性有深刻的认识和理解，能够主动地去塑造、传承和发扬安全文化。员工自觉地将安全视为自身的责任和义务，积极践行安全行为，不断提升安全素养。同时，企业也能自觉地审视和改进安全文化建设中的不足，持续推动安全文化建设的优化和提升。

顶层设计为文化自觉提供了方向和框架，而文化自觉则是实现顶层设计目标的内在动力和保障，两者相辅相成，共同促进企业安全文化的良性发展。

4. 示范先行与全面推进

在企业安全文化建设中，示范先行与全面推进是非常有效的策略。通过两者的有机结合，能够有序、高效地推动企业安全文化建设在更广范围内取得良好的效果。

示范先行是指选取一些具有代表性的区域、部门或群体，率先进行安全文化建设的探索和实践。通过他们的尝试，可以积累经验、发现问题、优化措施，为全面推进安全文化建设提供有益的参考和借鉴。这些先行先试的地方可以成为样板和示范，展示安全文化建设的成果和价值。

全面推进则是基于先行先试的成果，将成功的经验和模式逐步推广到更大的范围。通过树立示范的"点"，如先进单位、优秀个人等，以他们为榜样，带动周边的"面"共同进步。这种辐射效应能够加速安全文化建设的进程，使更多的人受到积极影响，从而全面提升安全文化建设的水平。

5. 守正与创新

守正就是坚守安全文化的核心价值、基本原则和优良传统，始终秉持对生命的尊重、对安全的敬畏，坚持已有的行之有效的安全理念、制度和规范，确保安全文化的根基稳固。这是安全文化建设的基础和保障，不能轻易丢弃或忽视。

创新则是为了适应时代的发展、技术的进步以及社会环境的变化，在安全文化建设中注入新的元素、使用新的方法。可以在安全管理模式上创新，引入更先进的理念和工具来提升管理效能；可以在安全宣传教育形式上创新，利用新的媒体和技术手段提高传播效率；还可以在安全文化活动的内容和载体上推陈出新，吸引更多人积极参与。

国网湖北电力坚持以提升生产效率、减轻基层负担、提高安全质量、提升管理效能为目标，在传承优良传统、优秀经验做法上久久为功、坚守正道，在守正的同时积极开拓创新，摆脱僵化思维、锐意变革进取，不断提升创新实用实效和数字安全赋能水平。

只有将守正与创新有机结合起来，才能使企业安全文化建设永葆生机与活力，不断推动安全管理向更高水平迈进。

3.2.4 安全文化建设要点

1. 着力安全意识的全面提升

对安全理念的宣贯应从企业最高决策层开始。每年年初由各级"一把手"亲自宣讲"安全第一课",厚植核心安全理念,提升全员安全意识,推动员工人人牢记、时时践行。及时听取基层关于安全文化建设的问题困难和意见建议,主动带头制定解决措施,为企业安全文化建设做好顶层设计,提供组织保障。

同时,强化安全责任落实也是提升安全意识的重要手段。安全生产,人人有责,没有旁观者和局外人。企业通过建立常态化安全文化宣讲机制,定期开展安全日活动,推动全员深刻思考安全为了谁,安全成果谁享有。组织"安全文化建设大家谈"座谈会、"安全文化建设"主题征文等活动,发动全体员工立足岗位,做好工作和身边事,主动思考安全文化如何根植入脑、融入管理、规范行为。

此外,建立科学的激励机制也是提升安全意识的有效途径。对于在安全工作中表现突出的员工和团队,给予物质和精神上的奖励,激发员工参与安全管理的积极性和主动性。同时,建立安全绩效考核制度,将安全绩效与员工的晋升、薪酬等挂钩,进一步增强员工的安全意识。

只有解决了安全意识的问题,员工才会更加主动地为营造安全的环境而努力,从而形成良好的企业安全文化氛围,安全文化建设才能更好地向前推进。

2. 着力安全行为的正确引导

坚定"事故是可以避免的"的信心,坚持抓关键、强穿透、守底线,推动安全责任层层贯通落实。常态开展作业现场录像回放,让现场违章行为无处遁形,通过"查纠讲"等形式纠正现场不安全行为,有效解决违章自查率倒挂问题，实现重复性违章数量明显下降。

凝聚"安全生产是管出来的"共识，严格安全事件处理，加强数据联动分析，倒查追溯恶性违章、重复性违章事件管理责任。组织主业、产业、外包队伍开展无违章作业现场、无违章示范班组创建活动，建立安全生产正向激励机制，激发班组和现场遵章守纪内生动力，让现场安全生产经验中沉淀的文化精神引领员工行为，用安全文化塑造更多践行规范管理和安全行为的员工。

落实"重在现场"，突出"事前预防"，始终把安全工作的关键放在班组和现场。以"管住计划、管住队伍、管住人员、管住现场"为核心，分层级、点对点落实推进，实现从上到下、从远程到现场安全管控全面覆盖，确保每个环节有人负责、有人落实、有人检查、有人评价。让班组轻装上阵、规范执行，更好地把安全工作做实、做对、做好，从源头压降安全风险。

企业只有坚持在干中学、在学中干，让"规范的安全管理和行为就是安全文化"的理念共识上升为全员的行动自觉，才能有力实现培育"本质安全型员工"这一关键目标。

3. 着力安全制度的规范执行

电力企业的安全生产规章制度，都是用血的教训、生命的代价总结提炼出来的。要培养员工依法依规的意识，既要学会在监督情况下工作，更要学会在没有外界监督情况下依法依规地从事各类工作。《国网湖北省电力有限公司安全文化建设深化年工作方案》提出："将推进'安全规章制度的学习和执行就是文化''规范的安全管理和行为就是文化'融入日常"。只有让每名员工都清楚地知道安全的底线和要求，确保各项活动都严格按照法律法规和规章制度来进行，才能从根本上保障安全。

首先，企业应制定全面、详细、具体的安全管理制度，包括安全责任清单、安全操作规程、安全检查制度、事故应急预案等。这些制度应覆盖企业生产经营的各个环节，明确安全职责、操作规范和应急处置措施。做好制度的宣贯和培训，确保员工能够正确理解和执行安全制度。

其次，建立健全监督机制，对违反规章制度的行为进行严肃查处和纠正，以起到警示作用。通过这种方式，提升员工依法依规的意识，促使员工养成依法依规行事的习惯，形成自觉遵守安全规定的良好氛围。

此外，还应建立反馈机制，鼓励员工提出关于安全制度的意见和建议，合理采纳和实施。这有助于不断完善安全制度，提高其可操作性和适用性。

4. 着力安全文化的多元传播

当员工真正将安全意识内化于心后，还要能够外化为自觉的行动，才能将安全文化建设落实落地。这就需要在可学可用可传承上持续发力，勇于开拓"人人知晓、人人认同、人人践行"的安全文化传播路径。

足够的资金和人力支持是重要的保障。企业决策层应保证足够的资金和人力投入到安全文化建设中的一系列物态的活动中，如安全理念传播、生产条件改善、组织培训和活动、安全激励措施的执行等。

因地制宜丰富载体，打造安全文化的多元传播途径。丰富宣传渠道，利用线上线下各种平台，如网站、社交媒体、安全文化阵地、安全文化墙等，广泛传播安全文化理念和知识技能。开展多样化的传播活动，如安全知识竞赛、主题演讲、模拟演练等，以员工喜闻乐见的形式，让员工在参与中加深对安全文化的理解和认同。树立榜样和典型，让大家看到践行安全文化的具体事例和成果，激发员工效仿的动力。总之，要将安全文化的传播融入日常工作和生活的各个环节，让员工在文化的"浸润"中受到感召，在行动上高度自觉地维护安全。

企业还应注重安全文化传播过程中的互动与反馈。鼓励员工在正确理解核心安全理念、安全工作要求的基础上，分享自己的安全经验和感悟，及时了解各类员工的需求和意见，不断优化传播方式，丰富物态载体，助力企业形成安全文化百花齐放、百家争鸣的良好局面。

3.3 电力企业安全文化建设路径

3.3.1 安全文化价值体系

安全文化价值体系是企业在安全生产历程中沉淀的指导员工安全行为的价值认知和方法引导，是最基本的安全价值取向，是安全生产与安全文化建设中最根本与核心的内容，能够高度概括该企业的安全生产特色。

1. 企业安全文化价值体系的内涵

安全文化价值体系浓缩了安全文化建设方面的经验和精髓，可以为企业指明安全发展的方向，塑造安全文化的灵魂，能够发挥引领性作用，引导员工自觉遵守安全规范，实现安全可持续发展，首要任务是筑牢和充分利用安全文化价值体系。

2. 企业安全文化价值体系的结构

企业安全文化价值体系是一个多层次的结构，由多个部分构成，通常包括安全方针、安全使命、安全愿景、安全目标和安全策略等。安全方针被视为企业安全文化价值体系的基石，是所有与安全生产相关行为的依据；安全使命明确了安全生产领域的责任和承诺，为企业的安全工作指明了方向；安全愿景描绘了安全生产的未来蓝图，展现了企业安全工作的理想状态；安全目标为安全生产提供了可衡量的标准，是推动企业提升安全水平的动力；安全策略是为实现安全目标而采取的方法，为安全生产提供了战略性技术支撑。

3. 企业安全文化价值体系构建的基本思路

构建企业安全文化价值体系，便是通过科学方法，明确界定安全文化价值体系的基本架构，并持续对其进行完善和优化。在这一过程中，融合企业安全生产方面的优良传统、领导层与基层安全理念、国内外领先理念等，形成具有企业特色又贴合安全生产实际的安全文化价值体系框架，通过分析评估、问卷调查等多种手段，建立并提升安全文化价值体系的内涵。

4. 企业安全文化价值体系的构建的关键阶段

"调研"阶段，通过问卷调查、人员访谈、资料收集等方式，深入研究企业的安全生产实际情况与安全文化现状，发现安全文化建设的问题，总结安全文化建设的经验，进行科学性与实用性分析。

"初建"阶段，根据前期调研成果，参考安全文化价值体系构建的通用理论基础与国内外先进企业经验，结合企业的安全发展规划，初步搭建安全文化价值体系的基本框架并不断完善。

"论证"阶段，动员企业内外部利益相关者，多层级、多方式地对安全文化价值体系进行全面审核与反复论证，确保形成的框架与内容既贴近实际、通俗易懂，又简明扼要、富有哲理。

"成文"阶段，将安全文化价值体系通过文件形式发布，例如通过编制发布安全文化手册，将安全文化元素具象化，展现安全愿景、安全方针等重要内容，详细阐述企业安全文化价值体系特色。

"广宣"阶段，通过会议宣讲、载体宣传等多途径传播安全文化手册等文件，通过宣传与学习，使全体员工深刻理解安全文化价值体系的丰富内涵，强化安全意识，提高安全素养，促进形成良好文化氛围，使安全文化入心、见行。

3.3.2　安全文化行为体系

行为是文化的外在表现，也是文化引导的期望结果，安全行为文化是安全文化的重要方面，也是建设安全文化的主要目标之一。安全行为文化是全体员工在安全文化浸润下自发形成的行为准则，能够促使员工自发规范安全行为，有效避免安全事故的发生。

1. 领导人员

企业领导不仅是安全生产的第一责任人，更是安全文化建设的核心与关键，只有领导率先树立正确的安全生产理念，以身作则地带头讲安全、重视安全，才能恰当地组织和推进安全生产管理与安全文化建设并取得令人满意的效果。领导的率先垂范可以充分运用在企业内绝无仅有的影响力，将自身树立成为最典型的安全生产榜样，一旦领导带头践行企业安全理念，用实际行动证明对安全生产与安全文化的重视，那么安全行为文化建设便有了一个好的开始，企业安全理念才有可能真正根植于每一位员工的心中。

电力企业应组织领导干部深入学习国家、行业相关的安全生产新政策、新要求等，开展"全员安全大讲堂""一把手讲安全课"等发挥领导干部带头作用的活动。同时，应当积极推动各级领导人员深入基层实地考察了解安全生产的真实情况，确保各项安全措施得到有效落实，有力地推动安全行为文化体系的建设。

2. 管理人员

压实管理人员安全责任是电力行业高速发展下的必然要求，没有严格的管理不可能有安全稳定的局面，安全生产要可控、能控、在控，管理人员严格的安全管理是必须且必要的。严抓严管以强制力对人员的行为进行规范，其目的是避免事故发生，保障生命与财产安全。对管理人员而言，也需要将严抓严管与人文关怀相结合，刚柔并济地开展相关工作，才能使员工在"严管"之余感受到"厚爱"，从而对安全文化产生发自内心的认同，主动地接受安全文化的浸润，实现从"要我安全"到"我要安全"的自觉转变。

管理人员既应以最严的举措管安全，以最大的力度保安全，形成各级管理人员严格监管，各部门齐抓共管的局面，也应在严格监管之外采用听取呼声、关心疾苦、强化关怀、增加沟通等手段，掏真心、动真情，让每一位员工深刻明白安全生产是保障自身生命与健康的头等大事，以形成良好的企业安全文化氛围。

3. 一线人员

安全文化建设的最终目的之一即是通过安全文化长期润物细无声的浸润作用，在每一位一线人员心中培养安全意识、根植安全理念、传授安全知识、强化安全技能，最终达到行动上自发规范安全行为，思想上变被动安全为主动安全，避免安全事故，保障安全生产的目的。

对主业人员，电力企业应致力于增强"主人翁"意识，将安全文化融入班组建设，扎实开展班组安全管理能力提升活动、班前（后）会等，推动"我要安全"意识转化为主动创新动力，促进主动履责、积极创新解决一线安全生产实际问题，同时通过落实"两票三制"、推进标准化作业和"两票一卡"有效实现"四个管住"，促使人因事故明显降低，安全生产水平获得较大提升。

对外包人员，电力企业应秉持优中选优的思路，清退资质弱、指标差、管理散的劣质队伍，筛选重视安全、素质过硬、装备精良的队伍作为核心外包队伍予以培育与使用。对于核心外包队伍，在不断强化同质化管理的同时，应加大安全教育与培训力度，在持续的安全监督管理与动态评价考核中督促其建立自主安全行为文化，为电力企业高质量建设提供强大支撑。

3.3.3　安全文化保证体系

安全文化能够深入人心，触及灵魂。通过积极健康的文化引导，可以让员工在价值观、行为准则等方面形成高度的认同感和归属感，但是文化的浸润靠单一因素发力，往往效果不佳，需要在表率引领、组织部署、责任落实、制度优化、安全投入、工作环境上协同发力，共同促进安全文化入脑入心，真正做到以文化行。

1. 党建引领

企业要深入实施"党建+安全文化"工程，提升企业安全管理水平，贯彻新时代总体国家安全观，践行安全发展理念，突出"党建引领、安全第一"的价值理念，树立"守纪律、讲规矩"的意识，创新管理模式、实践载体，推动党建工作与安全生产深度融合，坚决守住企业安全"生命线"。教育引导广大党员和职工自觉从讲政治的高度看待安全生产工作，始终保持红线思维和底线思维，持续深化安全文化实践，时刻紧绷安全之弦。

2. 组织部署

企业成立安全文化建设领导小组，全面加强工作组织领导，负责审定工作方案，强化资源保障，协调解决工作中的重大问题。领导小组下设办公室，负责日常工作组织协调，组织制定工作方案，督促开展问题研究、措施制定、整改落实和现场检查，并及时向领导小组汇报工作开展情况。

同时，从专业管理部门、一线基层单位、外单位抽取或选聘优秀人员组成专家团队，协助完成安全文化建设工作、帮助解决安全文化建设过程难点和痛点。

3. 责任落实

安全文化建设的关键核心是责任落实，强化安全责任落实，是防范遏制重特大事故，确保企业安全生产的必须手段。企业各级单位要坚持"人民至上、生命至上"理念，要严格落实安全生产主体责任，坚决守牢安全"生命线"和"底线"。责任主体必须全面涵盖企业主要负责人、专业安全管理部门、一线及外包员工。

4. 制度保障

安全规章制度是保障安全生产的最有力武器。保障安全生产需要建立和完善安全生产规章制度体系。首先是要适应安全生产实际，企业的安全管理规定、现场的安全生产方案必须与现场安全生产实际匹配，必须兼顾安全性和可操作性。其次是要宣贯到位，要对安全规章制度开展常态宣贯，采取手册、视频等各类载体，让真正干活的人知道"哪里是红线""什么不能干""应该怎么干"。

5. 安全投入

安全生产的实现要靠投入保障作为基础。提高安全生产的水平和能力，必须付出人力、物力方面的成本，安全的成本既是代价，更是效益。首先是人力的投入，即用于安全经营生产的人员的配置，必须从"数量""质量"两个维度确保投入充足。其次是资金的投入，即用于安全设施完善、安全管理提升和安全教育培训的费用，合理的投资比例和结构是企业安全发展长治久安的必要条件。

6. 安全环境

安全环境是保证安全生产的必要条件，是企业生存发展的"土壤"，是企业创新争优的"软实力"，更是推动企业高质量发展的"硬支撑"，企业需要在设备标志标准化、安全设施标准化，安全警示可视化、操作提示现场化、工程进度实时化上协同发力，推进安全文化"上桌面、上纸面、上墙面、上屏面"。

3.3.4 安全文化传播体系

安全文化之所以能够弥补安全管理的短处与不足，是因为其更注重通过文化的浸润作用使人从思维方式和行为逻辑产生良好改变，而安全文化传播的方式方法，则是实现安全文化浸润作用的重要手段。

1. 建设安全文化物态传播载体

安全文化需要通过物质实体在生产生活中得以表现与彰显，这些物质实体与手段一般被称为安全文化物态传播载体，是企业安全物态文化的重要组成部分，也是安全文化氛围的外在表现之一，能够比较直观地体现安全文化的落地实践与推进过程，对员工安全意识的增强、安全知识的获取、安全技能的提高以及企业安全氛围的营造有较大的促进作用。广义上小到安全文化宣传画、安全标语以及工位上摆放的全家福照片，大到企业安全文化墙、安全活动室等都可以是安全文化物态传播载体，其能从视觉、听觉等层面对员工产生潜移默化的影响，充分发挥出润物细无声的浸润作用，使员工的思维方式和行为逻辑发生积极良好的改变。

电力企业应坚持将核心安全理念与自身特色文化深度结合，紧密围绕安全培训、安全宣教等实际需求，精准定位结合点，构建内涵统一且特色鲜明的安全文化阵地，搭建基层安全文化展示和学习平台，充分展示安全文化的丰富内涵和生动实践，精心打造一系列具有鲜明特色、在行业内有广泛影响力的安全文化品牌，有力地推动安全文化在企业内部的深入落实和生根发芽，为企业的稳健发展奠定坚实的安全基础。

2. 强化安全文化培训

人的安全素质是安全文化的基石，安全文化的构建与发展离不开人的高素质，而人安全素质的提升和凝聚也离不开高质量的安全培训，作为弘扬安全文化的重要手段和提升安全素质的主要平台，安全培训扮演着至关重要的角色。高质量的安全培训能够向员工灌输企业的安全观念，增强员工对企业及安全生产的认同感，从而达到提升安全文化素养、规范安全行为的目的。

电力企业应积极开发安全文化相关课程，组织制作贴近工作实际、能够解决安全生产问题的安全文化培训课件，推动安全文化进入课堂、深入人心，同时结合多专业、多层次的培训需求，运用VR等先进技术，推进视觉、听觉和体验相结合的三维立体式安全文化培训深入实施，提高培训的实际效果，引导员工树立终身安全学习的理念，不断提升员工的个人安全素养和技术水平。

3. 深化安全活动

安全活动是安全管理的重要方式方法，能够将员工对安全知识的被动接受转化为主动获取，可以改变以往传统、对立、形式单一的安全管理方式与安全文化建设模式。企业可以通过组织丰富多样、趣味性强的安全活动，如安全文化知识竞赛、安全生产日活动等，充分吸引员工注意力，调动关注安全生产与安全文化、学习知识与专业技能的积极性，以相互交流增进熟悉程度与认同感，促进企业范围内浓厚安全文化氛围的形成。

电力企业应依托安全文化建设骨干队伍以及外部专家团队，广泛开展形式多样的活动，如安全宣誓、安全大讲堂、安全大家谈、文化大讨论、知识竞赛和亲情助安等，深化员工对安全文化的理解和认同。为了确保活动取得实效，应制定详尽的安全文化活动方案，不断创新活动形式，推动全员参与、广泛融入，在企业内部营造出人人讲安全的良好氛围。

3.3.5　安全文化评价体系

安全文化评价是安全文化建设的评估手段，目的是诊断安全文化建设的优劣，为安全文化建设提供科学依据。

1. 体系评价目的及意义

企业要创新、推进、优化安全文化建设，需通过建立安全文化评价指标体系，从文化的视角对企业安全文化的发展状况进行定期评价和动态评价，一方面可以诊断企业安全文化的优势和劣势，揭示企业安全管理不善的内在原因，为创新企业安全文化，发展企业先进安全文化提供科学的依据；另一方面也是促进企业安全文化不断提升和进步的重要动力和手段。

2. 体系评价设计原则

安全文化评价指标体系的设计原则有以下几种：

系统性原则：企业的安全文化是一个综合的系统，是企业内互相联系、互相依赖、互相作用的不同层次、不同部分结合而成的有机整体。它们既有相对的独立性，同时又是以一个严密有序的结合体出现，企业内各种因素一旦构成了自身强有力的安全文化，就将发挥出难以估量的功能和作用。

定性与定量相结合的原则：企业安全文化建设的系统性特征使得在建设安全文化评估体系时，首先要遵循系统性原则。其次，企业安全文化建设的系统性特征还要求人们在评价时应遵循定量和定性相结合的原则。对于难于选择的评价因子和参数，采用定性描述的方法来评价，对于易于选择的可采用定量方法评价。

实用性和可操作性的原则：实用性和可操作性是评价体系推广应用的必要保证。所谓实用性，是指评价体系对企业有关工作开展成效评价具有针对性，并能产生纠偏和显著提升的效果。所谓可操作性，是指企业的管理人员和基层人员通过适当的培训应能用评价体系所提管理技术要求去准确测评相关工作的完成质效。

持续改进的原则：安全文化建设不是一蹴而就，不是急功近利，而是需要持续改进、不断深化，要树立长期坚持的思想，要坚持与时俱进，及时总结建设经验和做法，做好典型推广，以点带面，发挥先进典型的带动和示范作用，扩大安全文化建设成效。

科学理论指导的原则：一是应用文化学理论，从安全观念文化、安全行为文化、安全制度文化、安全物态文化四个方面设计建设体系；二是通过对工业安全原理和事故预防原理的规律的认识，安全文化建设需要从人因、设备、环境、管理四要素全面考虑。

3. 评价体系实施基本流程

（1）成立评价组。安全文化评价采用抽样的方式。既可以采用分层抽样的方式，也可以采用区域抽样的方式，按照不同的工作单位、不同的管理工作选择代表性的人员组成评价组。

（2）开展评价。企业每年进行一次内部评价，评价时间由安全文化评价委员会决定。由评价组对企业全年的安全文化建设状况进行指标打分，了解企业的安全文化建设水平。

（3）评价结果申诉。对评价结果有重大异议的单位，在接到评价结果书面通知后有权进行申诉，将意见以书面形式申诉到评价委员会，评价委员会应进行复核，并将复核结果书面通知到申诉单位。

（4）评比与奖惩。每年对企业下属单位进行定期安全文化评价，选出安全文化建设优秀单位，进行通报和奖励，同时，对于排序靠后的公司或单位进行通报甚至处罚，并组织学习，找出差距，制定改进方案。

（5）分析与对策。安全文化评价委员会需要通过数据进行分析来找出企业安全文化建设方面相应的差距和问题，制定改进的方法以及监督办法，适时进行督导复查，保证整改提升质效。

评价体系实施基本流程如图3-2所示。

图3-2　评价体系实施基本流程图

第4章

电力企业安全文化建设特色做法

企业管理的初级阶段是"人管人",中级阶段是"制度管人",高级阶段是"文化管人"。"制度管人管住人,文化管人管住魂",当安全管理实践中注入安全文化元素后,就抓住了安全管理的灵魂。企业安全文化是被企业组织的员工群体所共享的安全价值观、态度、道德和行为规范组成的统一体,是企业全体员工所认同遵守且带有本企业特色的价值观念,是企业战略决策与经营策略的内驱因素,是企业制度有效运作的理念基础。

具有百年发展历程的国网湖北电力把安全塑造成一种正能量、原动力,把安全文化作为企业安全发展的恒久动力,培育积极的安全习惯、自觉主动的安全意识,深入总结提炼湖北特色,构建了结构完整、便于实践、效果明显的安全文化观念、行为、制度、物态等体系,熔铸"楚"韵绵长、"鄂"电特色的国网湖北电力安全文化。

4.1 安全观念文化建设

安全观念文化是企业安全文化的核心和灵魂,是最基本的安全价值观、态度和道德准则，是安全文化价值体系的核心要素。国网湖北电力先行先试，紧扣企业安全生产管理实践，结合千年荆楚文化特色及百年既济电力文化传承，深入研究安全文化建设规律，将国网公司安全文化价值体系与国网湖北电力特色安全文化建设深度嵌入融合，把基层一线普遍认可的、高度认同的安全管理好做法、好经验、好方法提炼出来、固化下来，上升为安全生产的方法论，建设国网湖北电力特色的安全观念文化。

4.1.1　安全观念提炼形成

一个好的安全观念，应该适应国家安全发展、促进社会和谐稳定，反映地域、行业安全规范，展现企业安全文化思想、安全管理历程。提炼安全观念是一项综合性和专业性极强的工作，能否总结、提炼出具有企业特色、符合企业特点的安全观念，对今后运用和发挥安全观念指导、员工安全行为、引领企业安全发展会产生长远的影响。国网湖北电力针对积习已久的文化惯性，深入灵魂进行文化改造，着力培育一个"务实尽责，共享平安"的核心安全理念，构建了"1+9+N"安全文化体系。

1."四个结合"

国网湖北电力通过"四个结合"，形成具有湖北特色的安全观念。

（1）与中华传统文化相结合。汲取《易经》"无危则安、无损则全"中的忧患意识和"惧以始终、其要无咎"中对风险的警惕、安全的畏惧和敬畏。

（2）与中外先进安全观念相结合。借鉴杜邦公司的十大安全理念，中国核电"责任、安全、创新、协同"核心价值观，神华集团"一切风险皆可控制，一切事故皆可避免"安全理念。

（3）与鲜明的地域特色相结合。从荆楚地域文化的深刻内涵中提炼，湖北人意志坚定，不怕吃苦，敢为人先的创新动力，"不服周"的顽强拼搏精神。

（4）与企业自身发展历程相结合。挖掘具有百年历史的鄂电水火既济文化，结合湖北"电力铁军"特色，系统总结历年来经验，融合国网湖北电力"干在实处、走在前列"的主题主线主基调。

2. 熔铸国网湖北电力"1+9+N"安全文化体系

一直以来，国网湖北电力牢记保大电网安全、保可靠供电的职责使命，根植荆楚红色沃土，传承百年既济历史，在安全生产的实战淬炼、抢险救灾的大战大考中，孕育和积淀了丰富的安全文化基因。

（1）缘起，明方向。2022年提出：把广大干部员工一致认可的、高度认同的好做法、好经验、好方法提炼出来、固化下来，上升为安全生产方法论，上升为国网湖北电力核心安全文化。同时，生产、建设等各专业，以及变电、调度等各工种，根据工作特点，提炼核心精华，形成朗朗上口、共同认可的专业安全文化，汇编形成安全文化手册。

（2）攻坚，定方案。2022年4月，成立攻坚工作组，形成主要领导任组长，安监和党建部门"双牵头"、各专业部门深度参与的工作机制，明确提炼、固化、宣贯、落地四个阶段16项重点任务，对安全文化建设进行全面系统部署。

（3）聚力，建体系。2022年5月，开展推进研讨，结合行业特点及传统，提炼总结核心安全理念。充分发挥群众智慧，以"三下三上"工作方法，三次广泛征集群众意见，三次修改完善，上到领导管理层、下到各班组一线员工积极参与，提炼价值共识，6.7万名职工进行网络实名投票，凝练出"一个核心安全理念"和"九大安全理念"。同时，组织不同专业、不同层级的员工集中办公，反复研究打磨，梳理形成了"N个专业安全文化"。国网湖北电力"1+9+N"安全文化体系如图4-1所示。

（4）搭台，建载体。精心编撰《安全文化手册》，摄制《筑牢安全之魂》文化宣传片，开展安全文化征文、辩论等系列活动，以职工群众喜闻乐见的

核心安全理念
务实尽责 共享平安

九大安全理念
★生命至上，安全第一　★安全生产是管出来的　★安全责任是主要负责人的第一责任
★安全是一切工作的基础和前提　★安全是综合指标　★安全工作的关键是班组和现场
★事故是可以避免的　★安全生产，人人有责　★抓小堵漏、举一反三、超前预防

N个专业文化
6个安全管理 10个专业安全 25个作业安全 8个安全创新

"一个核心安全理念"即"务实尽责，共享平安"，体现了公司安全发展的价值取向，是"1+9+N"安全文化体系的思想内核，是广大干部员工必须遵循的安全行为哲学。

"九大安全理念"是核心安全理念在公司安全管理实践中的具体体现，是各级领导干部抓安全生产工作必须把握的认识论和方法论。

"N个专业文化"是一个核心安全理念和九大安全理念的落地实践，是安全专业管理和作业实操的规律性总结，是深化安全管理创新的标志性成果。

图4-1　国网湖北电力"1+9+N"安全文化体系图

方式宣贯传播，如图4-2所示。分层分级落地，建成省级安全文化阵地、14家地市安教室和2125个班组文化墙。开展安全文化主题"安全日"，设立安全文化专栏、讲授专题党课、组织"下基层、进现场"文化宣讲，掀起了"全员发动、人人参与"的热潮。

图4-2　国网湖北电力《安全文化手册》

【实践案例1】国网湖北电力专业文化

国网湖北电力"1+9+N"安全文化"N"就是践行"N个专业安全文化"，

加快推动安全文化融入专业实践、融入作业现场、融入职工行为。包括责任落实、风险管控等6个安全管理文化，人身、电网、设备等10个专业安全文化，倒闸操作、高压试验等25个作业安全文化，以及技术管理体系、安全在线等8个安全创新案例，对工作中长期坚持、行之有效的经验做法进行规律性总结，分别提炼安全警句、专业精髓、专业做法、工作要诀，形成朗朗上口、通俗易懂的专业安全文化口诀。10个专业中的人身和电网专业安全文化示例如表4-1所示。

表4-1　人身和电网专业安全文化示例

专业	专业文化	安全警句	专业精髓	专业做法	工作要诀
人身安全	遵章守纪，主动履责，杜绝违章	简化作业省一时，违章蛮干悔生……	生产现场作业"十不干"：票在人在，两点两范围两安全，一杆一高一空间……	刚性执行生产现场作业"十不干"，不存侥幸，不图省事，杜绝无票和超范围作业……	人身安全是底线，保命措施记心间……
电网安全	精心调度，精准管控，严明纪律，严控风险	令不能行，网不能保。安全校核不准，电网运行不稳……	停电安排"三坚持"：坚持风险辨识不明晰不安排，坚持安全校核不通过不批答，坚持防控措施不落实不执行……	坚持调控业务标准化。坚持核心业务、核心流程、现场作业标准化，严格遵守调度规程，严格执行调度指令，把好安全操作关……	电网运行责任重，科学调控不放松；安规调规要遵守，纪律严明硬作风……

4.1.2 安全观念教育普及

国网湖北电力在安全观念教育普及中注重系统性教育培训与多元化宣讲相结合、注重管理统筹发动与班组自发学习相结合、注重常态化的学习与重点阶段学习相结合，针对性开展新春安全"五个一"等活动，编制一批员工喜闻乐见的安全文化书籍、视频、歌曲、课件等文创作品成果。深化安全文化宣教，逐步推动安全文化融入安全管理、融入规章制度、融入员工行为，将"1+9+N"安全文化体系内化于心、外化于行。

1. "一把手"领头学

"一把手"带头讲安全，形成示范引领作用，促使形成安全教育氛围。

（1）压实"一把手"责任。各级单位"一把手"切实履行安全生产第一责任人职责，着力研究解决安全生产中的重大问题，带动全员务实尽责。"一把手"既要对安全生产工作亲自部署、重点环节亲自协调、重要风险亲自管控、重要问题亲自督办，更要以上率下、带头履责，把重心向一线倾斜、资源向一线集中、精力向一线聚焦。

（2）坚持"一把手"带头抓安全。"一把手"定期组织召开安委会，各级领导人员研究解决安全生产中的问题，统筹调动好各种力量，强化安全生产要素保障，防范部分单位在执行上"打折扣、搞变通""上热、中温、下冷"的问题，切实解决少数领导干部在思想上对"1+9+N"没有入脑入心，事前"侥幸心理"、事后"摆平心态"的问题。真正做到把要求穿透至基层、贯穿到一线，消除安全生产工作中的深层次矛盾。

（3）建立"一把手"安全评价。开展"一把手"安全述职，分析存在的问题，制定解决措施。优化各级单位主要负责人安全履责量化评价体系，落实现场履责要求，每季度进行评价考核通报。

2. 员工自主学习

激发一线职工自主学习热情，提升学习效率，不断增强安全教育效果。

（1）我的安全我来讲。检修专业结合本专业的事故通报，录制模拟试验和规范操作视频，与一线职工共同学习小车转检修操作的危险点和注意事项，一起领悟倒闸操作"五防六要七禁八步"的专业精髓。聚焦《安全文化手册》中人身安全这一专业文化，结合人身伤亡事故案例，采取"讲故事"的形式，用身边事启发身边人，推进班组安全生产工作从"要我安全"到"我要安全"

转变。

（2）现场安全来"找茬"。聚焦国网湖北电力《安全文化手册》中安全管理制度文化，通过模拟不规范作业现场，创新制作"现场安全来找茬"的文化传播形式，让大家在找"茬"的过程中深化"凡事有章可循、凡事有据可查、凡事有制可依"的制度文化内涵。

（3）安全知识接龙闯关。围绕"倒闸操作""人身安全""制度管理"等多种专业文化和作业文化，采取职工乐于接受、易于掌握的安全知识闯关形式，营造了全员参与安全文化建设的良好氛围。选取贴近变电运维工作的安全词汇，用"比划猜"的游戏形式，点燃了职工安全文化传播热情，在"心有灵犀一点通"的活动节奏中，彰显了职工之间的工作默契。

（4）开展安全文化宣讲进班组。分级选拔、培养一批安全文化宣讲员，将各类专业安全文化、作业安全文化精髓、工作口诀融入工作场景，通过快板、小品、故事会等一线职工喜闻乐见的方式开展主题宣讲，推动专业安全文化入脑入心入行。

3. 注重多元学习

采用多元化方式，深化安全文化宣教，巩固安全教育阵地。

（1）打造班组安全微课堂。开展安全文化"专题日"，人人上台当讲师，个个上台周领学。举身边人身边事、讲故事谈感想，提升活动感染力，使安全文化的传播更加"接地气"。

（2）举办安全文化沙龙。选取公司系统践行安全文化有特色、有亮点的基层单位进行现场展演，邀请行业内外专家进行点评，让安全文化"用起来、活起来"。

（3）开展主题演讲。邀请党总支书记作主题演讲，强调班组全体职工要凝心聚力，将"生命至上，安全第一"作为一切工作的出发点和落脚点，把安全放在先于一切，高于一切，重于一切的位置，切实打造人人享有、惠及平安的利益共同体。

（4）建设安全文化网络专栏。依托门户网页开设"安全文化大家谈"专栏，宣贯安全文化理念，刊载安全文化工作交流、感悟感言，营造互学互鉴、争先创优的浓厚氛围。开发32门安全文化课程，组建基层安全文化宣讲队，制作完成80余套贴近基层一线的情景剧、顺口溜等宣讲作品，让安全文化共学、共情、共鸣、共勉。

（5）召开安全文化建设现场会。结合安全生产季度会，举办安全文化建设现场会，学习典型经验做法，交流安全文化建设工作经验，展播安全文化建设成果，发布安全文化建设典型经验、典型案例。

【实践案例2】举办"五个一"活动

国网湖北电力将安全文化理念与日常安全工作相结合，每年开局起步，举办"第一讲""第一学""第一考"等五项活动，用安全理念浸润，引领安全管理和行为，拧紧全员安全弦。

第一讲。在春节复工前，各级安全第一责任人讲安全课，落实"五个"讲清楚，即：上级安全工作部署和要求讲清楚；面临的安全形势及安全目标讲清楚；各级人员的安全责任讲清楚；存在的薄弱环节、突出问题和深层次原因讲清楚；安全工作的经验做法和提升措施讲清楚。

第一学。进一步深化安全文化浸润作用，开展三个层面的学习教育。一是开展安全文化宣贯学习，参观安全文化阵地，学习"1+9+N"安全文化体系知识。二是开展安全警示教育，学习"安规"重点内容、事故事件案例、典型频发违章。三是对现场管理人员、工作负责人、关键作业人员、重点关注人员等四类重要人员开展专题培训。

第一考。强化作业人员"严入、强训、必考"工作机制，夯实学习培训效果，组织安全准入考试。考试涵盖输电、变电、配电等12个专业，对应单位管理体系的不同岗位。考试对象为全体员工，包括实习员工、社会化用工、外包单位人员。

【实践案例 3】安全文化传播周

国网荆州供电公司纪南运维班将每月第一周定为班组"安全文化传播周"，班组关键岗位人员轮流"主持 + 领学"，以"我的安全我来讲""现场安全来找茬"、事故案例脱稿分析、安全知识闯关、主题演讲等方式，通过全员参与、"接地气"的方法，引导一线员工形成"生命至上，安全第一"的共同安全价值观。

现场是安全文化的"试金石"，班组在全面传播安全文化的同时，抓实班组安全文化落地、强化员工安全意识、规范作业人员安全行为，确保了文化落地生根。

4.1.3　安全观念落地实践

文化如水，浸润无声。国网湖北电力聚焦理念落地，践行"务实尽责、共享平安"核心安全理念，围绕九大安全理念，开展特色安全文化实践，推动专业安全文化、作业安全文化融入安全管理、融入规章制度、融入员工行为，激发干部职工主动践行安全文化的行为自觉，助力实现安全目标。

1. 推动"安全是一切工作的基础和前提"理念有效落地

安全生产是一切工作的基础和前提，也是不可逾越的"红线"，工作中如果忽视安全甚至罔顾安全，安全风险防控不到位，安全隐患治理不彻底，一味强干蛮干，让设备"带病"入网、"带病"服役，往往会带来难以挽回的后果。

（1）建立每月双周例会"说清楚"机制。把"安全是一切工作的基础和前提"融入抓安全管理的全过程，对发生典型安全事件和严重违章的单位，由主要负责人在双周例会上分析原因，说明下一步采取的措施。

（2）坚决执行安全生产"一票否决"制。严格执行安全奖惩制度，对发生责任性安全事故（事件）、严重违章以及因履责不到位造成安全管理漏洞、安全风险的，按规定对责任单位和人员实施纪律处分、组织处理、经济处罚和取消评先评优资格。

（3）实行"谁主管谁负责"。专业部门按照"三管三必须"要求，严格履行专业安全管理主体责任，在规划、设计阶段充分考虑施工期间作业风险及电网风险，在各类工程项目中严格落实"三同时"工作原则。从规划设计、采购建设、运维检修等各个环节，对发生安全事件、安全履责不到位、安全生产违章的单位和个人进行责任追究和处罚。

2. 推动"安全生产是管出来的"理念有效落地

生产是真刀真枪管出来的。真抓实干是一切安全管理的制胜法宝。只有主动强化安全预防，才能逐步消除隐患；只有从严加强安全管理，才能避免违规操作引发的安全事故。

（1）强化作业计划源头管控。制订《作业计划管理工作规范》，实行专业部门对计划的分级管理和审查，强化作业计划刚性执行。开展无计划作业专项安全督查，严肃查处无票、无计划作业的恶性违章。将"严抓严管、敢抓敢管、真抓真管"原则一贯到底，确保现场安全可控、能控、在控。

（2）加强安全风险管控。做好停电计划统筹和电网风险评估，规范发布电网风险预警，对风险预警单、反馈单、风险管控方案等进行监督审查，督促落实各项管控措施。强化作业风险辨识与审批，规范应用作业风险管控措施单，严格作业方案编、审、批管理。组织召开安全风险管控周例会，通报安全风险管控工作情况，及时发布会议纪要，下达问题整改和重点工作督办单，实行闭环管理。

（3）强化风险管控平台应用。构建安全监督全业务中台，建设作业资源、计划、轨迹、两票数据中心，实现与生产、调度等业务系统融会贯通。持续完善人员轨迹App功能，与车辆、设备等位置信息融合，推进违章智能识别功能研发应用。加快推动移动布控球深化应用，实现领导督导、远程督查、违章查纠"全线上"管理。

3. 推动"安全工作的关键是班组和现场"理念有效落地

班组是构成企业的微小细胞，现场是生产施工的重要场所。安全生产的重心在班组、重点在现场，所有事故的直接责任和直接原因也都在班组和现场，这两个管不好，将直接动摇公司安全生产根基。

（1）夯实班组安全基础。推进"1+9+N"安全文化体系在班组落地。优化班组安全活动形式，因地制宜分类实施安全教育培训。强化班组安全工器具库房建设，规范安全工器具管理使用。开展安全示范班组、无违章班组建设，促进班组提升自主安全管理水平。

（2）补强班组核心能力。建强班组长、工作负责人两支队伍，配齐班组技术员、安全员，从专业技术、监督管理、执行落地等层面构建基层安全责任体系微小闭环单元。推进核心生产岗位靶向补员计划，落实核心专业人员配置标准。优化班组"一长三员"和工作负责人轮训机制，实施通关考试，提高班组核心人员综合能力素质。强化"三种人"技能培训，开展安全等级评价和考核认证。组织开展星级工作负责人评选活动，强化星级工作负责人评定结果应用。

（3）强化现场安全管控。坚持"四个管住"，把安全措施的落实作为管控关键，将制度、规程和要求落实到现场。班组长加强作业组织管理，开好班前、班后会，开展现场危险点分析，严格落实风险管控措施，做好风险管控总结评估。完善班组长、"三种人"等班组关键人员安全履责量化评价体系，通过安管平台规范管理安全履责档案，定期开展履责评价工作。强化各级管理者深入基层一线、作业现场安全履职履责，让安全管理更贴近基层、贴近现场、贴近设备、贴近实际，增强班组的凝聚力、执行力，提升现场管控水平，守牢安全生产主阵地。

【实践案例4】五个维度精准画像

国网湖北电力为全面加强队伍及人员安全管控工作,创新提出构建队伍及人员画像评价,评价聚焦作业能力、作业评量、安全奖励、安全处罚、安全教育五个维度15项要素,每季度精准评价每一个主业班组、外包队伍、监理单位及每一名工作负责人、特种作业人员。

为全面掌握公司系统20个单位、19个专业(其中一级专业分设备、配电、基建等7个,二级专业分输电运检、变电运检、配电运检、配网工程等12个)的安全作业情况,将作业分为"自己干"(工作负责人及作业主体非外包人员实施,或70%以上工作班成员为非外包人员)、"领着干"(工作负责人为非外包人员,作业的主体部分由劳务分包人员实施)、"别人干"(工作负责人、工作班成员均为外包人员)三种类别。公司以安全风险管控监督平台录入的作业计划及人员数据为蓝本,选取每季度作业现场数据为样本,对各单位、各专业作业进行了专题分析,形成精准画像分析报告。

利用大数据,创新构建主业班组和人员、外包单位和人员、监理单位和人员精准画像,从作业能力、作业评量、安全奖励、安全处罚等维度,分别对公司主业班组和工作负责人、外包队伍及外包关键人员、监理单位和人员进行线上全过程实时综合评价,根据评价结果,为班组评先评优、星级工作负责人评选提供依据;为择优选用合格外包队伍、培育核心分包商、工作负责人评先评优提供决策依据;为精准管控到每一支监理单位及每一名监理人员提供决策依据。

为进一步推进省管产业单位与主业"同质化"安全管理要求,用大数据构建省管产业单位和人员精准画像,从作业能力、作业评量、安全奖励、安全处罚等维度对公司省管产业单位和工作负责人进行综合评价,为省管产业单位评先评优、星级工作负责人评选提供决策依据。

【实践案例5】现场管控"三三"工作法

国网荆州供电公司通过"三部"融合、"三会"联通、"三项"关注，落实现场管控。

"三部"融合。将业主、监理、施工项目部三大项目部融合运作，协同召开各项生产会议，加强日常沟通交流，摒弃了各自为政的工作方式，人员、资源不再局限于某一项目部，而是在多个项目部间互相调用。

"三会"联通。安全早会、夜会、支部学习会"三会"联通。安全早会通报日计划、履责安排等内容，晚会对早会任务的执行情况进行复核，梳理次日作业计划，找准危险点。为第二天早会的召开和作业任务的开展做好准备。支部学习会分析研判本周的困难问题、制定预防措施，对本周早会、夜会开展情况进行纠偏，以更好地指导下周工作的开展，做好现场稽查排班，轮流到现场履职履责。

"三项"关注。关注重大风险点的有效管控，如提前现场勘查、优化施工方案、细化安全措施、开展拉网式安全巡查等。关注项目部如何解决实际问题，如抽调骨干成立红领尖刀班入驻业主项目部，若遇项目部难以解决的问题，通过公司层面及时反馈、协调资源，以实现重大问题的顺利解决。关注工地后勤保障是否落实到位，项目部注重对作业人员的全方位关怀，每个班组均派驻项目部驻点人员，与班组员工同吃同住同学习，同进同出同劳动，同用车辆和住宿，定期向项目部反馈班组的日常住行情况。

"三部"融合，实现了业主、监理、施工项目部一体化运作，有利于业主项目经理统筹整合资源调配，有利于强化项目管控实效。"三会"联通，架起了管理协调的桥梁，现场的计划管理、安全管理、队伍和人员管理的措施得到有效布置和具体落实。"三项关注"，实现对项目现场的有效把控，增强了资源调度能力。

4.2 安全行为文化建设

安全文化，铸魂赋能。安全行为文化是安全观念文化的反映，既是安全文化的主体，也是安全文化的形式，是企业各层级在安全观念文化的指导下形成的安全行为准则、安全行为规范和安全习惯。对个体而言，就是安全习惯；对企业而言，就是安全习俗。

国网湖北电力不断推动安全观念融入日常、融入工作、融入现场，实现安全观念具体化、实用化、实效化，形成决策层以最高站位抓安全，管理层以最严的举措管安全，执行层以最大的力度保安全，外包层以自主行动守安全的行为习惯。

4.2.1 决策层行为文化

国网湖北电力经过长期安全生产实践，形成了决策领导层"配资源、实责任、控大局、把节奏"的安全行为文化，充分发挥各级主要负责人安全工作的"头雁效应"，确保安全生产的人员、装备、资金配备到位，各级各类人员安全责任压实到位，各个部门、各项业务协调推进到位，做到节奏不缓、力度不减、步伐不乱。

（1）配资源。一是配强配优干部队伍、配齐核心业务人员、健全技术队伍体系。二是配齐施工运检装备、改进应急救援装备、提高安全工器具管理水平。三是配足费用，主要包括全力保障生产费用、优先安排隐患治理费用、足额提取安全奖励资金。

（2）实责任。一是明晰干部领导责任、部门管理责任、全员岗位责任。二是发动全员作承诺、真抓实干强作风、重心下沉勤履职。三是严抓严管明纪律、令行禁止反违章、重奖重罚促履责。

（3）控大局。一是问题导向重调研、目标驱动强质效、民主集中促合规。二是班子团队一盘棋、内部协作聚合力、外部协调优环境。三是完善制度促执行、班组建设固根基、能力提升强素质。

（4）把节奏。一是坚守底线防人身、多措并举稳电网、精益管理保设备。二是超前预防控风险、防微杜渐治隐患、健全体系强应急。三是举一反三抓整改、改革创新求卓越、科技保安促发展。

【实践案例6】"1223"领导干部现场履责

国网湖北电力明确领导人员下基层下现场安全履责频次要求，即：省公司主要领导每月至少一次，其他领导、部门负责人至少两次到现场或班组调研督导；地市级单位主要领导每周至少一次，其他领导和部门负责人至少两次到现场或班组调研督导；县级单位主要领导每周至少两次，其他领导和部门负责人至少三次到现场或班组调研督导。强化领导干部认真履行安全责任清单，深入基层一线、深入现场，靠前指挥，紧盯关键环节，切实解决实际问题。

健机制，完善安全履责工作体系。制定领导人员安全履责量化评价考核实施细则，每月从安全履责次数、安全履责质量等方面开展安全履责量化评价，运用约谈、说清楚、违章记分、组织处理以及经济处罚等手段进行考核。细化各级领导人员安全履责内容，做到管辖范围内安全工作无遗漏、无盲区、无死角。

强举措，压紧压实"头雁"安全责任。明确领导干部履责主要内容，对现场进行"明查暗访""四不两直"等方式督导检查，把60%以上的时间和精力用于对专业部门、基层单位和生产一线的督导检查。下基层，督导基层班组落实安全生产工作部署、要求和规章制度、标准。深入了解基层班组人员配置、上级要求落实及管理制度流程完善等情况，解决实际困难和问题，指导工作方法。下现场，重点督导检查现场作业工作组织情况，包括队伍人员准入情况、安全措施落实情况、施工方案及工作票执行情况，到岗到位人员履职情况，多专业、多单位风险协调组织运转情况。

严闭环，规范通报考核整改一体化流程。强化线上痕迹化管控。领导督导的信息实行线上管理，在现场督导过程中，上传本人现场督导照片、音频等安全督导支撑资料，录入发现的问题或违章现象，保存发布督导记录。对督导检查中发现的问题、违章整改闭环情况，同步做好跟踪督办。抓实抓细抓闭环整改。安监部门每周监督检查和统计通报领导督导情况，对执行不力的及时进行约谈，并纳入月度评价；对履责不到位的单位、个人针对性制定安全履责提升措施，引领"一把手"带头示范，传递优良的安全作风。

【实践案例7】"无会日"机制，推进安全履责

国网荆门供电公司建立周四"无会日"机制，每周四除上级安排会议外，市、县两级均不安排工作会议，领导班子成员前往各生产单位深入调研，集中审查周计划"六要素"，提升计划可行性。开展生产单位及相关部门"一把手"进行"典型违章查纠讲"活动，对查处的典型违章，从安全文化、安规两票等方面进行剖析讲解，确保把违章情况摸清、把政策讲明、把问题找准。常态化运用卓越绩效模式对上周作业执行情况、违章情况进行诊断分析，不断提高安全水平。

通过"无会日"机制，人员履责持续规范，专业到岗人员履责效率和精准度明显提升，三级及以上作业风险、六级及以上电网风险到岗到位合格率达100%。随着全员安全监督主动性增强，市县两级专业部门自查严重及以上违章同比增长1.28倍，自查一般违章同比增长1.05倍，"三违"行为得到有效遏制，典型重复性违章同比下降25%。

4.2.2 管理层行为文化

国网湖北电力坚持"三管三必须"原则，把专业部门推向风险管理、事故预防的前沿，压实专业管理部门及人员安全责任，建立健全部门及岗位安全责任清单，实行"一岗双责"，推动管理层落实专业安全主体责任。在安全监督中保持严抓严管的主基调，持续加大反违章工作力度，推行"严管就是厚爱"，厉行合规化督查，实施违章"查纠讲"，规范现场行为。

1. 筑牢"三管三必须"专业管理主体责任

安全工作的重点和难点就是加强专业部门安全管理，落实专业部门安全责任。国网湖北电力在部门职责中明确专业部门对所辖业务的安全管理责任，落实专业安全管理的职责、权限、考核内容，推动专业安全管理。

（1）设立专委会。在安全生产委员会框架下，设立电网、建设、营销等9个专业安全委员会，负责研究解决专业领域的安全重大议题。专业安全委员会主任由相应业务分管领导担任，办公室设在相应专业（职能）部门。

（2）压实专责安全主体责任。开展专业范围内的风险分级管控与隐患排查治理，按照大型检修"先算后停"、大型风险"先降再控"原则，科学评估电网风险及作业风险，落实"五级五控"要求，提前部署风险预控措施。强化作业流程管控，审核操作规程、施工方案的有效性，发布新技术应用的安全要求，完善所辖业务的承包商安全管理。

（3）强化专业领域安全管控。专业部门全过程参与新建、改建、扩建等项目的论证、设计、建设、试运行、验收等各个环节，辨识其中的安全风险，提出风险管控措施。强化安全隐患源头治理，严把方案制定、设计审查、验收送电等关口，确保"零隐患"入网。项目负责部门组织各专业部门参与项目安全论证，严格方案编、审、批，坚持"谁干谁编、谁管谁批"，对项目施工方案等的安全可行性负责。

2. 规范监督人员行为

安全是生命之本，违章是事故之源。违章不除，事故难消，反违章工作是清除风险隐患、预防事故发生的唯一途径和直接手段，对保障安全生产有着不可替代的作用。

（1）实施违章"查纠讲"。以"查"为基础、"纠"为重点、"讲"为关键，即对违章务必要查准问题、要纠正到位、要讲透规程。推动反违章工作重心转移，由被动的事后惩处"反"违章，向主动的事前预防、事中指正"管"违章转变。实行"现场查违章、穿透查管理、延伸查责任、回头查质效"，开展履责调查，全过程追溯各环节责任。

（2）实行督查全覆盖。建成"省—市—县"三级督查中心，形成立体化、全覆盖的督查网络。加强专职安全督查队伍建设，通过资格审查和培训考试，实现持证上岗，打造一支作风硬、专业精、能力强的安全督查队伍。建立"领导督查、专业检查、专职稽查、班组自查、人人找茬"五级督查体系，针对性组建特高压专职督查队伍，实施"远程＋现场"全覆盖督导，实现"作业不停、监管不断"。

（3）严守督查工作纪律。严守"三个一律"纪律要求（一律"四不两直"不准陪同、一律自理食宿不准往来、一律使用执法记录仪不准"放单"）。现场督查期间必须全程开启执法记录仪，远程督查人员要随机连线现场督查人员执法记录仪，核查现场督查人员行为，一旦发现违规、违纪行为，应立即制止、纠正、上报，促进阳光督查。

（4）严格违章认定流程。建立典型违章库和重点查处违章清单，统一督查标准。大力推进安全督查标准化，严格实行照卡核查、逐项确认，杜绝随意"松绑"或"加码"，确保公平、公正、公开。督查工作期间，留存违章佐证资料，查处违章后第一时间在平台录入督查单，并发各级安全督查中心负责人核准，核准后在平台违章曝光台中予以曝光。

（5）数字赋能强管控。围绕"四个管住"，以安管平台为中心，充分发挥人员轨迹App数字化监管作用，实现作业人员离开现场、作业人员不在准入库等典型违章自动告警，对"一计划、一准入、一票单、一轨迹"精准稽查，强化作业全过程安全监督。

【实践案例8】现场督查"四原则、四不准、五规范、六步骤"

国网湖北电力在现场督察中实施"四原则、四不准、五规范、六步骤"。

"四原则"：预警性原则、一致性原则、即时性原则、公平性原则。

"四不准"：不准擅自泄露稽查计划；不准发现违章行为不制止、不上报；不准利用岗位与工作之便谋取不正当利益；不准增加基层工作负担。

"五规范"：规范人员着装与稽查用语；规范稽查计划执行；规范开展稽查记分、现场评价；规范填写违章记分通知书、录入稽查单；规范稽查管控流程。

"六步骤"：检查现场管控情况，查阅图文资料，观察员工行为，制止违章行为；问候员工并肯定好的安全行为，体现关心和尊重；指出并讨论不安全行为，指导其遵守标准化工作要求；得到员工签字确认并作出安全承诺；举一反三，讨论其他安全问题；提出整改反馈要求，并感谢员工配合。

通过实施"四原则、四不准、五规范、六步骤"，明确了监管职责界面、业务流程和工作要求，规范了省市县三级安全督查中心运转，形成了"严管就是厚爱，稽查就是积德""违章就是隐患、违章就是事故""从严查处违章，防事故于未然"的普遍共识，提升了安全督查工作成效。

4.2.3 执行层行为文化

国网湖北电力执行层从思想上重视我要安全，刚性执行规章制度，特别是生产现场作业"十不干"，不存侥幸，不图省事。从行为上达到我会安全，开展标准化作业，规范安全行为，实行安全等级评价，提升安全技能，实施"党建+安全"工程，带动全员涵养"有令必行、有禁必止"作风。

1. 标准化安全作业

实践证明，针对违规操作、擅自操作、随意操作，有标准不遵守、不执行、不落实等违章行为和事故风险，标准化安全作业是行之有效的治本之策。国网湖北电力扎实推进标准化安全作业，实现"作业程序标准化、作业文本标准化、人员管理标准化、现场安措标准化"，坚决破除方案与现场实际"两张皮"，现场作业秩序逐渐改观，各类违章行为得到遏制，安全生产基础明显夯实。

（1）形成合力。主要负责同志亲自抓统筹宣贯、抓督导落实，充分调动全体干部员工开展标准化安全作业的积极性、主动性。安监部门和专业部门做好组织实施，人资、党群、工会等部门发挥保障和推动作用，形成工作合力。将标准化安全作业逐步拓展到小型分散等各类现场，形成安全生产全领域、全流程的标准化管控模式。

（2）健全机制。建立健全教育培训和宣传引导机制，培养一批精通业务、管控到位的"明白人"，发挥好示范引领作用。建立健全激励约束机制，开展标准化安全作业常态评价，将评价结果与薪酬分配、安全奖惩、评先评优等紧密挂钩。建立健全监督考核机制，将标准化安全作业开展情况纳入各级安全生产巡查、督查、检查的重要内容。

（3）实用实效。按照"去繁化简、去虚存实"的原则，注重现场标准化作业文本质量，强化安全风险和工艺质量的控制，优化内容模板、应用范围和使用形式，精准管控作业的关键要素、关键环节、关键阶段，确保作业程序清楚、重要操作清楚、现场风险清楚、安全措施清楚，便于现场执行和落实。

（4）正向激发。大力推进无违章作业现场建设，国网湖北电力制定"无违章作业现场"创建实施方案，编制《现场作业安全检查卡》，准确定位无违章作业现场评价标准，进行无违章示范班组和先进个人评选，争创"无违章作业现场"的良好氛围逐渐形成。

2. 发挥党员示范引领作用

国网湖北电力充分发挥思想政治工作在深化安全管理中的重要作用，突出"党建引领、安全第一"的价值理念，固化"党建+安全"管理模式，引领各级党组织主动抓安全、强管理、破难题，带动广大党员争当安全卫士、红领先锋，不断把党的政治优势、组织优势转化为推动本质安全水平全面提升的发展优势和管理优势。

（1）"红领创优"推动党员自身无违章。围绕强化安全履责，在安全生产关键岗位创设党员安全生产示范岗。推行党员亮身份、亮职责、亮承诺，带头恪守安全规程，遵守《共产党员安全履责公约》，实现党员自身"无差错、无违章"。发挥"青安先锋"作用，促进安全责任落实。

（2）"红领结对"推动党员身边零事故。在基层班站所和工程项目一线，创建每名党员结对1~2名员工的"红领结对"党员安全生产责任区。发挥"一名党员影响一个带动一个"的示范作用，引导结对员工做好安全隐患排查和安全生产监督，确保各项安全措施落实到位，实现党员身边零事故。

（3）"红领稽查"推动党员带头查安全。发挥党员在安全稽查工作中的示范带动作用，把思想品质优良、工作基础扎实、业务能力突出的党员纳入安全稽查队伍。常态化开展"四不两直"安全稽查，及时发现问题并督促落实整改，做到防患于未然。

（4）"红领攻关"推动党员创新促安全。发挥骨干党员、领军人才、青年生力军作用，针对安全履责和安全管理中的重点难点问题，组织开展管理创新和技术攻关活动，将安全创新成果纳入红领创新室展示，广泛征集合理化建议，积极建言献策，提高安全生产管控水平，推动安全工作持续提升。

【实践案例9】"三化"推进标准化作业

国网襄阳供电公司常态化、实用化、全面化推进标准化作业。

一以贯之，常态化抓创建。"久久为功，水滴石穿"，十年坚持推广标准化安全作业实施，通过立标准、正行为、促规范，完善"三有、三无、六统一"的标准化安全作业模式，创建标准化安全作业现场。深入持久抓宣贯，创新实施"送教上门·爱心稽查"和"违章人员再教育",帮助员工将标准化安全作业内化于心、外化于行,促进员工养成标准化安全作业的良好习惯。

完善标准,实用化促成效。坚持实用化导向,持续完善标准化安全作业操作流程和工作标准,推动标准化安全作业向"管理层简明、班组层实用"转变,克服创建工作中的形式主义,编制《标准化作业创建指南》《标准化安全作业示范片》等培训教材,采取集中培训、现场培训等方式,促进标准化安全作业更贴近基层、服务基层。注重标准化从"新"开始,将标准化作业实操技能纳入新员工培训考核。提高"三种人"等关键岗位人员的奖励系数,将所有执行标准化作业情况作为积分制薪酬激励和评先评优重要依据,加大标准化作业考核的成果应用。

风险防控,全面强化落实。将标准化安全作业向小型分散现场、分包队伍延伸,确保各项制度标准落实到每个现场、渗透到生产作业的前中后各个阶段,实现标准化安全作业全覆盖,应做尽做。结合作业风险安全管控系统应用,完善《标准化安全作业现场评价考核办法》,根据风险等级,在设A类和B类奖项的基础上,增加C类标准化作业奖项,强化外包队伍"同质化"管理,对核心分包商进行业务培训,将标准化作业创建情况作为队伍竞标、优秀分包商评选等重要依据,确保标准化创建在施工现场得到贯彻落实。

国网襄阳供电公司在标准化作业的常态化、实用化、全面化上下功夫,不断深化完善安全生产标准化建设,保持公司安全生产稳定局面。

【实践案例10】"党建+安全"构筑坚强安全堡垒

国网武汉供电公司常态开展"党建+安全"安全文化大家谈活动,围绕"怎么认识安全文化建设""怎么实现安全文化落地实践""怎么培育践行公司安全文化"深入开展学习讨论,全面推动安全文化入脑入心,让安全真正内化为广大干部员工的思维模式、行为习惯、职业需求和工作能力。

构建特色安全讲坛模式。以"党建+安全"示范岗强化安全明责履责,通过"党委书记讲安全文化、专业领导讲安规两票、管理部门上门送教"三级讲坛模式，开展系列红领安全微党课。带动广大党员争当安全卫士、红领先锋，确保本质安全水平全面提升。

建立党员安全包干责任区。印发红领安全专家监督日志，设立党员安全监督岗，以线上和线下两种方式对施工现场实行巡查，及时纠正不安全行为。

建立党建工作、安全工作"双考核""双通报"机制。将党支部和党员在安全生产一线、重大任务攻关中发挥作用情况作为党建绩效考核的重点，提升党建融入安全生产管理成效的考核比重，促进党建与业绩考核的双向印证和联动挂钩。对于安全方面发生"一票否决"的被考核事项和人员，同步在党员评价中予以考核扣分，并作为党内评先评优的前置否决事项，推动"党建履责＋安全履责"双向落地。以党员骨干为主成立红领稽查小组，不定期开展安全巡查，实现党员身边零隐患、零事故。实施违章行为单位负责人"说清楚"制度，违章单位及时召开"违章事件反思会"，大力营造全员反违章氛围。

通过先进示范，号召全体员工学习榜样精神、汲取奋进力量，践行"自身不违章、身边无违章"的安全文化，保障公司安全生产行稳致远。三级讲坛模式深入人心，以讲促学营造浓厚的安全氛围，凝聚全员安全文化建设的共识，以点带面推动安全文化落实落地。

4.2.4 外包层行为文化

国网湖北电力强化核心外包队伍培育及同质化管理，用安全观念引领安全管理和行为，进一步浸润外包层队伍及人员安全行为文化，着力培育安全素养高，安全管控强，信誉良好、长期稳定的外包队伍，推动由"被动"向"主动"再到"自主"转变，有效防范人身安全事故，坚决守住安全生产生命线，为企业发展提供了坚强支撑。

1. 实施"选、育、管、评"管理

规范外包队伍的选择、培育、管控、考评，实施同质化管理，加强资源整合和动态管理，从"多而杂"转为"精而优"，培育数量充足、人员稳定的外包队伍。

（1）"选"。遵循"谁选用、谁负责，谁审查、谁负责，谁批准、谁负责"的原则，优先选用《国网湖北省电力有限公司承（分）包商名录》，业务精干、长期合作的外包队伍，各专业管理部门做好审核把关，严禁选用无资质或资质不合格、能力不满足要求的低素质队伍，严禁通过资质挂靠、借用、造假等手段参与外包工作。

（2）"育"。培育核心外包队伍和人员。人员统一参加业主组织的专业培训和安规考试、实训操作考核，每年编制安全培训计划，将核心分包队伍人员纳入培训计划，有针对性地开展送教上门活动，并建立安全教育培训档案。实行业主、施工项目部一体化运作，安排同进同出人员培育外包人员，与外包人员同吃同住同学习，同进同出同劳动，同用车辆同住宿，把安全管控要求同步穿透到外包队伍。优先选用核心外包队伍承揽施工业务，保证核心分包队伍和人员相对稳定。在框架采购时，优先邀请符合项目专业要求的分包商参与投标或竞价。

（3）"管"。制定外包队伍管理方案，从管理职责、资质条件、资质审查、队伍准入、动态评价、考核退出等方面，明确外包队伍管控要求，实行同质化管理。依托安全生产风险管控平台，及时曝光处置不安全行为，定期公布资信管理、违章记分、业绩信息、日常管理等指标，督促外包队伍加大安全投入、提高安全管控能力，切实履行主体责任。

（4）"评"。实施一体化动态评价考核，每年组织专业人员对外包队伍进行考评、审查，不定期对分包队伍进行复核。将过程评价与加、减分相结合，根据安全检查、专项监督、现场抽查、事件（事故）调查、施工能力评估等

方式进行评价。每半年发布一次入选核心外包队伍考核结果，年度核心外包队伍名单经地市公司通过后行文发布。严肃结果应用，评价结果作为下一年度工程承载量和选定的依据。

2. 核心外包队伍自主安全行为文化

安全文化是企业发展的重要基石。外包队伍要发展，同样也有安全文化的需求。经过同质化培育的核心外包队伍，在国网湖北电力安全观念长期浸润下，自觉转变，形成了核心外包队伍自主安全行为文化。

（1）自主强化机构设置。固化办公场所，设置资料室、安全工器具室、施工工器具室及材料堆放场所等。配足项目部人员、项目经理、技术员、安全员、工作票签发人、施工负责人，以上人员名单均以正式文件形式发布。作业人员超过30人的配有专职安全员，30人以下的设有兼职安全员。

（2）自主强化用工管理。培养长期作业人员，与作业人员签订劳动合同及安全协议，按规定进行体格检查，足额购买人身意外伤害保险，避免劳资方面纠纷。实施激励考核，按安全贡献拉开差距，工作负责人按人均2倍、特种作业人员按人均1.2倍标准进行奖励。

（3）自主强化安全培训。定期开展安全教育培训，每周组织安全学习，主动参加准入考试，并建立安全教育培训档案。相关管理人员依法取得国家规定的相应资格。特种作业人员取得相应的《特种作业操作证》，并经单位书面批准方可参加相应的作业。

（4）自主强化机具管控。专业分包单位按照安全工器具、作业装备基本配置要求，配置种类齐全、数量充足、质量合格的安全工器具和施工工器（机）具。建立管理制度，严格进出库管理。对自备的大型设备、车辆等，需租用的必须严格签订租赁合同和安全协议。

（5）自主强化现场管控。切实履行主体责任，加大安全投入，提高安全管控能力，持续提升施工承载能力。安装车载GPS，严防私自外出作业。推进工作规范化、标准化。开展安全稽查，狠抓违章行为，全力防范人身安全风险。

【实践案例11】外包管理"三个机制"

国网黄石供电公司对外包队伍实行选育、评价、同质化管理机制。

建立选育机制。印发《核心外包队伍评价办法》，提出队伍、人员、装备、培训、安全准入、评价模型、"负面清单"等评价要求，规范外包队伍评价工作，提升外包队伍合同履约、安全能力和施工质量。

完善评价机制。专业部门定期对核心外包队伍进行评价，从安全管理、资质能力、作业人员技能、工器具配置、安全施工能力评估、近三年业务、事故及违章处罚等八个方面进行综合评价，对资质管理不符合要求、施工安全管理体系不健全、人员流动幅度大、安全风险较高的核心外包队伍予以清退。核心外包队伍评价结果作为次年度公司核心外包队伍选择的直接依据。得分排序作为次年施工招标和框架协议额度分配的依据。

实施同质化管理机制。采取"两收两限"，一是收钥匙、收安全工器具管理。对于基础施工的专业分包队伍，每日收工需由工作负责人将挖机、钻机等机械钥匙，劳务分包队伍将安全工器具全部交由施工项目部安全员统一保管后，方可办理收工手续。二是限制交桩、图纸管理。施工项目部技术员采取两次交桩的方式，第一次交大致范围，让分包队伍做好准备及协调工作，在上报施工计划前一周，再次向专业分包队伍交基础详细坐标。同时，将施工图纸进行分类，根据作业班组上报的作业计划，提前一周将所需的施工图纸下发给作业班组，以硬措施实现现场外包单位同质化管理。

国网黄石供电公司从177家合格分包商有效精简到33家核心分包商，有效遏制了分包商队伍"多、杂、散"的现象，使得外包队伍管理标准化、规范化明显提升。

【实践案例12】外包队伍"四集中、四分开"管理

国网湖北电力对外包队伍实行"四集中、四分开"管理。

"四集中",实行统一管理。一是将"人员队伍"集中,统一在施工项目部集中住宿,解决了人员分散住宿难以管控问题。二是将"施工车辆"集中,统一停放在施工项目部,解决了私自用车施工问题。三是将"工器具"集中,统一收入库房存放,遏制了随意取用而私自外出施工问题。四是将"物资材料"集中,统一存放到指定地点,有效避免了库外存放物资而私自进行施工的问题。

"四分开",完善功能分区。一是将"生活区"分开,分区生活,避免人员由于生活习惯不同引发的矛盾。二是"物料堆场"分开,分区建立堆场,并用围挡进行封闭上锁,避免各项目物资混用。三是"施工车辆车位"分开,避免了各施工队车辆乱停乱放、进出不方便及停车纠纷。四是将"工器具"分开,施工、安全工器具按照指定库房进行存放,避免由于施工、安全工器具挪用、丢失等引发的矛盾。

通过"四集中、四分开",安全管控能力得到有效提升。改善了办公、生活环境,每周集中审方案、制订计划、安全学习人员参会率显著提升。制作上墙规章制度及宣传文化墙,整理归类档案资料,各项安全管理基础资料更严谨。每周二晚上集中开展安全日活动,安全教育培训持续加强,员工安全意识大幅提高。

4.3 安全制度文化建设

安全制度文化是安全文化的重要组成部分,是形成安全文化的根本保证。虽然制度与文化的表现形态不同,但二者却是一体两面,制度真实地反映了一个企业所倡导的安全文化理念,同时安全文化理念必须依靠制度的保证去落地，通过制度建设可以使凡事有章可循、凡事有据可查、凡事有制可依，切实让安全文化理念转化为全体员工的自觉行动。

近年来，国网湖北电力以安全文化理念为导向，不断健全安全规章制度体系。全面梳理完善安全责任、安全奖惩、隐患管理、应急管理等各方面的安全管理制度。紧密结合基层实际，以人为本及时查漏补缺、立改废释。

4.3.1 安全生产责任制度

"小治者治事，大治者治人，睿智者治法。"落实安全责任，首先就是要不断完善安全生产责任制度，从而形成"一级抓一级、层层抓落实"的局面。近年来，国网湖北电力以"安全生产是管出来的"理念为引导，对责任制度进行了一系列梳理优化，深化构建"大协同"安全监督格局，结合实际、因地制宜，做到全员"知责、履责、明责、追责"，确保"事事有人管，人人都尽责"。

1. 以"安全责任清单"打破管理穿透壁垒

安全生产人人有责，没有旁观者、没有局外人。国网湖北电力积极构建"横向到边，纵向到底"的安全责任体系，分层分级编制安全责任清单，将各领域、各条线、全体干部员工融入安全工作大局，确保公司全员抓安全、管安全。

（1）突出"一把手"第一责任。聚焦"配资源、实责任、控大局、把节奏"四大职责，编制领导干部"两个清单"并定期修订调整，以"一把手"亲力亲为组织落实，带动全员务实尽责。持续完善"一把手"履责量化监督体系，开展地县两级主要负责人现场履责专项督查，以"一把手"带动全员履职尽责。

（2）突出专业部门管理责任。组织各部门按照"管业务必须管安全"要求，编制公司各专业年度安全管理工作清单，充分发挥专业主导作用，推动专业部门开展事前管控，加强作业计划、施工方案、到岗到位等各环节安全管控和审核把关，强化专业垂直管理，推动各部门齐抓共管保安全。

（3）突出全员履责主体责任。聚焦安全学习、制度执行、人员安全履责、隐患排查整改等方面，修订完善全员安全责任清单，全员分层分级签署安全履责承诺书，逐级压实安全工作责任，以"党政工团"齐上阵保安全。开发全员安全履责系统，对照"两个清单"及全员安全责任清单，组织安全履责自查和巡查，在安全事件、违章调查处理中严格"照单问责"。

2. 以"两个主人制"打破制度执行壁垒

人是安全生产实施的主体，也是成效的保障，国网湖北电力为推动"安全生产责任清单"在班组和现场落实，创新开展"两个主人制"（"设备主人""现场主人"）建设，始终把提高人的思想认识、素质能力、行为习惯规范性作为抓安全生产的重中之重，让安全管理更贴近基层、贴近现场、贴近设备、贴近实际，以"时时放心不下"的责任感和使命感，落实设备和现场管理的主体责任，牢牢把握安全管理主动权。

建立覆盖全寿命周期全专业的设备主人管理制度。以"贴近设备、定人定责"为核心，将运维人员与电网设备线路进行"配对"，为每条线路、每台设备指定"主人"，由设备主人负责进行巡视、维护、检修、试验、信息采集、台账整理等全过程督导管理，实现设备从设计到选型投运直至报废的全流程管控。坚持"全方位、全专业、全时段、全覆盖"原则，打造"全科医生"型运检队伍，理顺设备管理责任链条，明确设备主人管理职责和工作内容，持续强化履责考核，引导设备主人自觉扛起岗位责任。

建立基于全流程管控全专业的现场主人管理制度。结合安全奖惩工作规范，制定《国网湖北电力现场主人制实施工作方案》，将现场主人制正式列入安全奖惩范畴。行文发布现场主人清单，针对不同等级、不同设备设施差异化配置。明确现场主人资质条件，建立并依托业绩表现更新现场主人资格库。规范现场主人全过程履责要求，以"四个管住"为核心，制定现场主人履责卡，规定凡是公司自有人员（主业人员、省管产业人员、农电用工）担任工作负责人的现场，工作负责人就是现场主人；凡是工作负责人不是自有人员的四级以上风险现场，都要指派自有人员担任现场主人。对现场主人质效实行量化评价，结合实际评选季度"金、红"现场主人。

【实践案例13】"两个主人制"特色实践

国网咸宁供电公司先后制定《关于规范作业现场主人制实施要求的通知》《设备主人制管理办法》等一系列文件，从制度层面全面明确职责界面、资质条件，实行"照单履责、失责追责"。

建立现场主人资格库，明确"一审、二核、三看、四查、五听、六督、七记"七个方面具体工作，将职责全面向作业前和作业后延伸。按照月考核、季评价的方式对现场主人按照履责、无违章现场创建、标准化作业等情况进行评价考核，确保做到每个现场有人管控，事事有人负责，努力实现管理零差错、现场零违章。

建立设备主人管理制度，变电专业打破一人一站固定管理模式，根据设备重要性将变电站分为三类，按员工技能水平、工作负责人星级等开展选拔，推行设备"AB角"管理。输电专业按通道（运维）主人、无人机飞巡主人、检修主人、属地主人进行4类角色划分，选定输电设备主人。定期开展设备主人"金黄红"牌评选，对设备主人巡视情况开展督办评选。

自"两个主人制"实施以来，国网咸宁供电公司"现场主人"主动查处违章数量提升，外包现场被上级查处违章率下降，有效激发了外包队伍创建无违章现场热情。"设备主人"隐患管控水平显著提升，运维质效检查发现问题大幅下降，多个变电站率先完成期限内缺陷全闭环。

4.3.2 安全生产奖惩制度

《孙子兵法》认为，"赏罚孰明"，是决定对垒的两支军队胜败的关键变量之一。"赏罚孰明"的重点就在于"明"。有效地做好安全工作，安全制度的制定、完善与执行是重中之重，奖惩制度是安全制度顺利实施的根本保障。

国网湖北电力以"奖惩分明、重奖重罚"重构安全奖惩考核制度，坚持严查严管和正向激励并重，更加注重一线基层班组，更加注重直接从事安全生产工作的主体人员，以违章人员真正受教育为目的开展处罚，切实将严管与厚爱相结合，以人文关怀推动"我要安全"成为人所共知、人所共为的群体习惯。

1. 加大正向激励力度，资源向班组和现场倾斜

（1）树立"一线为要"导向，加强工作负责人考核激励。切实激发一线员工想当、能当、当好工作负责人的积极性，开展工作负责人星级评定，薪酬分配向安全责任重、业绩好、能力强的高星级工作负责人倾斜。工作负责人绩效工资根据工作量和角色系数按月发放，特别优秀工作负责人收入可超过副科级水平。

（2）坚持"技术为荣"传统，制定技术管理体系激励政策。为了激励技术人员潜心钻研技术，不断提高技术水平，构建省—地市—县级单位—班组四级的"总工程师—主任工程师—技术员"技术管理组织体系。增设单位主任工程师及班组技术员岗位，主任工程师薪酬享受副科级待遇，技术员薪酬享受班组负责人副职待遇，有效拓宽了技术人员发展渠道，极大激发了一线技术员工的工作和学术创新热情。

（3）营造"现场为王"氛围，开展无违章现场创建。实施作业班组（含施工承分包商）和个人"无违章作业现场"安全业绩双积分。在安全业绩积分排名靠前的班组和个人中，评选季度（年度）无违章创建示范班组和先进个人予以奖励，将施工承（分）包商"无违章作业现场"创建情况纳入施工承（分）包商安全业绩评价体系，与核心承（分）包商队伍选用及工作任务分配挂钩，激发作业人员遵章守纪的内生动力。

2. 强化反向考核约束，树立全员立规执矩意识

（1）梳理反违章"四种形态"。对第一种形态（一般违章）以"查、纠、讲"为主；对第二种形态（严重违章）、第三种形态（恶性违章）严格实施违章单位及责任人员违章记分、处罚，并连带追责直至地市级单位负责人；对第四种形态（6个月内连续发生2起及以上恶性违章）进一步提升处罚力度。

（2）实行安全生产"一票否决"。在企业负责人考核、单位和人员评先评优、干部选拔任用、对标考核中明确五个安全生产"一票否决"条款，加大领导干部、管理人员追责力度，真正让责任人受到教育、让旁观者感到震慑。

（3）建立违章"说清楚"机制。违章单位的一把手和分管领导亲自主持开展专题分析，形成违章剖析材料报省公司主要领导审阅。设立双周例会"说清楚"环节，违章单位一把手上台针对违章行为分析违章直接原因，查找深层次管理原因，明确违章整治措施。

【实践案例14】建立工作负责人评价工作体系

国网随州供电公司针对输电、配电、变电、基建、营销、调控、通信等专业工作负责人制定评分依据，建立《工作负责人履职考核积分细则》，分别从工作票填写、标准化现场创建、安全考试、安全技术等级认证、任职资格测评、违章考核六个维度，设定工作负责人总积分100分，对工作负责人工作业绩、行为规范和能力素质进行累积积分。

在应用工作负责人评价体系后，工作负责人综合能力有效提升，激发了工作负责人参与各类培训、考试的主观能动性，工作负责人更注重作业现场的规范化管理，全员反违章工作水平显著提高。

【实践案例15】推行安全奖惩积分评价制度

国网武汉供电公司构建公平公正、奖罚分明的安全奖励体系，以旗帜鲜明的奖惩导向确保安全理念落地。对一线班组实施工单积分制，将安全考核与日常工作紧密挂钩，将运维抢修、装表接电等业务工单积分作为最主要权

重指标，让员工"干多干少不一样、干好干坏不一样"。实施三星级及以上工作负责人工作票津贴奖励，创新建立总工作负责人制，对具备多专业高风险综合性大型现场作业安全管控能力的总工作负责人给予副总师同等待遇。

推行积分制度后，在基层形成了"多劳多得，优做多得"良性竞争氛围，激发了基层员工自主管控热情，以旗帜鲜明的奖惩导向确保各项安全理念落地。

4.3.3　风险隐患管理制度

事故源于隐患，隐患是事故之源。海因里希法则指出：当一个企业有300起隐患或违章，非常可能要发生29起轻伤或故障，另外还有一起重伤、死亡事故。只管事故是管不住安全的，不出事不代表没有潜在风险；管风险、管隐患才能管得住安全，把可能导致事故发生的所有机理或因素，消除在事故发生之前。

国网湖北电力通过构建"一竿到底、专业主导、三方联动、自觉管控"的隐患排查治理机制，切实把安全风险控制于源头之始，把安全隐患消灭在萌芽之初。

（1）"一竿到底"强化隐患管理。一竿到底即明确各级专业部门、单位，直至班组隐患管理专责人的隐患治理要求，编制隐患排查标准化手册、专业监督卡、口袋书、漫画图册，指导各级人员隐患管理"做什么、怎么做"。

（2）"专业主导"排查事故隐患。专业主导即严格落实"三管三必须"要求，充分发挥专业部门主导作用，针对性开展稳控系统、燃气、燃气等专项排查，举一反三开展事故类比排查。推动各专业抓好源头管控，有效避免"先天性"问题。

（3）"三方联动"推动综合治理。三方联动即系统构建政府、企业、客户"三方共管"格局，严格落实客户检查到位、报告到位、服务到位、督办到位的"四个到位"要求，建立联席会议制度，通过地方政府督办协同解决重难点问题。

（4）"自觉管控"激发内生动力。自觉管控即依托两个主人制，规范设备主人管理，做到"每台设备有人负责，每个隐患有人跟踪"，对主动发现隐患者及时奖励，激发设备主人活力。落实工作负责人现场安全"第一责任人"职责，强化现场主动履责、风险主动防控、违章主动查纠、隐患主动查改，鼓励创建"无违章现场"，充分激发现场人员反违章、治隐患的主观能动性。

【实践案例16】武汉站重大隐患治理

2023年6月28日，武汉换流变电站突发故障告警。结合故障状态特征和历史同类故障分析，经现场详细检查确认，此次故障为前期排查出的光CT隐患导致，需更换光CT本体设备。

当时正值迎峰度夏期间，武汉换流变电站承担着鄂东地区保供重大任务，处理此次故障需要陪停设备，工期预估需72小时左右，会严重影响鄂东地区电力的可靠供应。

为了不影响民生供电，国网湖北电力主动作为，充分发挥专业部门主导作用，联合国网直流中心、中国电科院、设备厂家共同攻坚克难，制定出加装柔性光CT的隐患处理方案，该方案不影响正常供电，及时对故障CT本体设备进行了更换，该隐患得到了迅速而有效的治理，保证了大电网的安全稳定运行，确保了迎峰度夏期间保供电任务圆满完成。

【实践案例17】利用无人机技术开展隐患管理

输电线路是电能输送的重要通道，对于电网供电的稳定性起着至关重要的作用。利用无人机技术对输电线路开展隐患排查，对于提升电网整体运行效率和服务质量具有重要意义。

国网湖北送变电公司机巡中心创新利用垂起固定翼无人机开展线路通道隐患排查工作，充分发挥固定翼载重大、速度快、续航长、视角广、作业效率高等优势，以"高空悬停"+"红外广角"的方式，多方位、无死角、全覆盖开展输电线路通道巡视等工作，尤其在防山火与除冰雪等重难点工作方面发挥独特作用。

2023年春节、全国两会期间，对鄂东咸宁、武汉、黄石等山火高风险区域持续开展防山火巡航作业，重点巡查线路通道内上坟、祭祖、烧荒等情况，监控人员同步通过机巡平台远程持续监控，及时发现并处置光磁一线#132–#133线外烧荒等火点隐患10余处，有效避免输电线路跳闸事件，输电通道监控成效大幅提升，圆满完成电网保电工作任务。

针对恶劣天气引发的线路覆冰情况，国网湖北送变电公司在500千伏孝浉一回线完成首次"无人机+机械震动"线路不停电除冰作业，通过创新研发自承式机械震动除冰装置，突破地形和线路停电等条件制约，进一步提升了除冰质效；在500千伏蒲咸一二回线重点覆冰区段，采用"无人机+除冰棒+红外伴飞"方式，首次实现夜间无人机不停电除冰作业，有效解决线路导线融冰后弧垂提升与地线间距不足的难题；在500千伏坪渔线首次应用"双叉杆"剪刀型除冰工具，使用无人机拖拽提升了全线除冰效率，极大降低了线路脱冰跳跃风险。除冰技术创新应用得到了国网公司设备部的高度认可，被DL/T 1922–2018《架空输电线路导地线机械震动除冰装置使用技术导则》采用，为电力行业除冰技术创新贡献了湖北智慧和经验。

4.3.4 安全应急管理制度

科学、规范、高效的应急管理是应对灾害事故的重要基础。湖北是自然灾害多发频发省份，仅2008年以来，就经历4次历史罕见雨雪冰冻灾害，遭受20余轮大大小小寒潮侵袭。国网湖北电力积极对接上级要求，在长期实践锤炼中构建了专业协同、上下贯通、内外衔接与湖北电网安全生产风险特征相匹配的应急管理体系。

（1）实行"军事化"应急响应。进一步规范指挥部建立、指挥中心互联、专业数据互通、信息传递等工作体系和流程，加快突发事件发生后电网故障、用户停电、城市运营、网络舆情等全方位信息收集，加强灾害监测和风险早期识别。建立应急工作总结制度，按照"谁启动、谁组织"的原则，每一次较大的应急事件后，及时组织召开总结会议，总结工作的经验和不足，持续提升应急管理能力。

（2）配备"实用化"装备物资。对公司现有应急装备物资进行全面清理，结合湖北灾害特点和往年应急处置经验，明确"有哪些、要哪些、缺哪些、补哪些"。建立健全应急装备物资管理制度，优化配置标准，按照"差异化、区域化"原则，分年度、分步骤配置重要输电通道视频监控、融冰装置、应急发电车、UPS电源车、移动电源、大功率发电机、无人机、充电台座、小型抽水泵、轻型蓄电池照明灯、通风送风设备、有害气体检测仪、卫星通信设备、小型挖掘机、后勤保障车等应急装备物资，按照有关标准研究配置原则和省市县公司协调联动方式。

（3）构建"实战化"应急体系。根据灾情类别、受灾规模，构建分级、分类、分层的组织体系，启动不同级别的战时响应机制，采取不同种类的作战模式。对于影响面较大的灾情，按照"战区"思维，建立扁平化的指挥模式，统筹综合协调、电网调度、设备运维、建设施工、优质服务、新闻宣传、后勤安保等各个工作组，明确"以快速恢复供电"为核心目标的抢修工作原则，将抢修区域统筹划分为战区，将抢修人员、机具合理划分为强有力的作战单元，做到迅速出击、果断行动，提升整体作战效率。

（4）提升"数智化"处置水平。基于"电网一张图"，构建"灾害专题图、作战指挥图、应急资源图"，推进生产管控、保供技术支持、配电自动化、用户信息采集、物资供应链等系统共享，实现故障跳闸、用户停电、物资供应等数据口径统一、自动采集。加强气象灾情预测，推进GIS地图功能和智能研判功能开发，缩小预警范围颗粒度，实现气象灾害与设备区段信息有效关联，以精准预测确保高效应对。

【实践案例 18】2015 年 "东方之星" 客轮翻沉事件应急救援

2015 年 6 月 1 日 21 时 28 分，载有 458 人的 "东方之星" 客轮，在长江湖北监利大马洲水域，因突发龙卷风翻沉。

第一时间及时响应。事发次日凌晨，公司启动应急一级响应，主要领导第一时间赶往救援现场指挥保电工作。公司应急办及时调集全省大型应急保电设备，6 支跨区支援队伍均在接到调遣通知后，立即携带装备到达公司现场指挥部集结待命。

全方位主动应对。为确保事发地用电需求，公司主动暂停监利、洪湖、江陵片区检修作业任务，恢复周边变电站有人值守，安排力量开展线路特巡特维和蹲守工作，公司员工不计代价、不讲条件、不怕牺牲，全力投入保供电。

多维度服务保障。立即成立保电应急现场指挥部，设置综合协调、现场应急、电网保障、后勤服务、新闻信息等 5 个工作组，开展 24 小时应急值班，每日召开两次现场应急会商会议，主动与政府指挥部沟通，及时掌握用电需求。同时积极参与现场施救、家属心理安抚、受灾群众转移等工作。

公司在本次救援保电工作中处置精准高效，在环境复杂、条件艰苦的情况下，连续奋战 13 天，出动人员 605 人、车辆 108 台，圆满完成救援保电应急处置工作。中央电视台等主流新闻媒体均对公司应对本次事件救援保电工作的相关情况进行了报道，彰显了责任央企的良好形象，时任湖北省省长工国生在保电现场认为 "公司救援及时、措施得力，体现了责任央企敢于担当、乐于奉献，在大灾面前有大爱的精神。"

【实践案例 19】2024 年低温雨雪冰冻灾害应对

2024 年初，湖北经历了多轮雨雪冰冻灾害天气，特别是春节前后遭遇两轮近60多年以来最强寒潮，中央气象台就湖北等地情况发布历史首个冰冻橙色预警，是国家自2010年设立标准以来发布的最高级别冰冻预警。

未雨绸缪，打响保供"攻坚战"。冰雪天气来临之前，迅速建立起24小时专业部门联合应急值班体系，形成高效运转指挥体系。按照"一线一案"原则，提前编写针对重要线路的融冰预案，及时开展融冰应急演练。全面对设备隐患进行排查治理，主动巡视、主动消缺，让线路设备"轻装上阵"。将吊车、应急发电车等重型装备提前布置到可能发生冻雨灾害的地区，确保灾害来临时迅速反应，避免道路结冰导致设备、车辆运送不畅等问题。

一键启动，应急响应"快稳准"。第一时间启动Ⅲ级应急响应，全面进入战时状态。主要负责同志挂帅"总指挥"，主持建立"一日两会"调度机制，班子成员赴灾情严重地区担任"前委"，分区包保、驻点督战；各部门联合组建24小时应急"参谋部"，关键时刻信息更新频次缩短至2小时；各单位主要负责人牵头开展部署调度，各项应急和保障措施全面扑向基层、班组，实现了精准决策、高效执行。

科技制胜，抗冰保电"放大招"。启用无人机、机器狗、一键顺控等智能化手段开展变电站巡视和操作，充分应用线路覆冰舞动在线监测和可视化装置，结合气象动态、电网一张图进行数据建模，提前研判设备受灾区段和风险。依托配电自动化、智能电表和数据中台，建立数字化中低压停电实时监测体系。充分发挥移动式直流融冰灵活机动特点，创新直流融冰车接入220千伏旁路母线方式。无人机挂载重物敲冰、挂载振动装置除冰、牵引刮冰等技术有效突破了地形限制，激光炮点融除冰成功应用于绝缘子串桥接冰凌处理。

抗冰抢险期间，国网湖北电力应急力量储备充足，应对及时，处置有力，配网复电抢修速度较往年提升96分钟，实现配网故障"日清日结""动态清零"，未发生因极端天气导致的大面积群众用电中断，实现了"有大灾、无大损"的目标，得到了社会各界的广泛赞誉。

4.4 安全物态文化建设

安全物态文化是安全文化的表层部分,是人们受安全观念文化的影响所进行的,有利于自己的身心安全与健康的行为活动的产物,它能折射出安全观念文化的形态。因此,从安全物态文化中往往能看见企业领导对安全的认识程度和行为态度,反映出企业安全生产管理的理念和方法是否科学,体现出整体的安全行为文化的成效是否显著。

生产生活过程中的安全物态文化表现在:一是人的操作技术和生活方式与生产工艺和作业环境的本质安全性;二是生产生活中所使用的技术和工具等人造物及与自然相适应有关的安全装置、仪器仪表、工具等物态本身的安全可靠性。

4.4.1 安全环境建设

良好的安全环境是企业安全文化的"硬件",是安全文化建设成果的具体体现。安全环境建设主要指通过安全风险识别、安全可视化管理、先进工艺工法等手段,改善劳动作业条件,保障员工生命健康和财产安全,从而实现本质安全。

国网湖北电力坚持设备标志标准化、安全警示可视化、巡检提示图表化、操作提示现场化,实施安全设施标准化整治,通过安全文化环境建设,有效构建人、机、环境相互和谐的关系,形成良好稳定、持续发展的安全生产态势,从而达到预防事故,提高公司安全管理水平的目的。

(1)将安全环境建设向生产岗位延伸。推进"安全可视化"策略,强化全员视觉渗透,促进安全文化时时处处可见,实现视线所及皆为安全。印发

"知责领责履责"卡片，全员结合岗位职责，承诺并手写张贴于办公桌醒目位置，时刻提醒自己知责领责履责。

（2）将安全环境建设向生产现场延伸。输电专业梳理作业管控场景，机械施工场地布设隔离天网，跨路两端安装限高架，临近带电现场实施硬隔离，持续优化现场安全作业环境。变电专业结合班组日常工作场所，实行色差管理界定作业范围和安全区域，使班组成员进入特定区域即能明确自身安全行为要求。

（3）将安全环境建设向关键环节延伸。在基础施工、杆塔组立、张力场、牵引场等施工关键场地采用安全围栏进行围护、隔离，实行封闭管理，在各类倒闸操作和电气检修等作业关键环节规范设置"禁止、警告、指令、提示"四类安全标志，完善安全措施，创建安全清晰的工作环境，保障人员安全。

【实践案例20】创新移动式伞形跨越架

跨越施工是电网建设中重要且具有一定难度的工作，传统的跨越架搭建必须由施工人员上架作业，装载拆卸2~3天，风险高、时间长、管控难度大。

国网咸宁供电公司发明的移动式跨越架基于雨伞伸缩原理。在施工过程中，通过动力系统展开伞状骨架结构，利用绳索与伞状骨架结构形成跨越架封网平台，安装于吊车吊臂上，送至被跨越线路上方，对其实现快速无接触覆盖保护，作业人员可以全程地面遥控操控。

移动式伞形跨越架避免了传统跨越架封网作业的复杂操作，有效降低了作业现场安全风险。已通过国家机械质检中心的认证，获得国家实用新型专利证书。迄今为止，该装置已在全国10个省份推广应用，成功完成近千次跨越施工，如图4-3所示。

图4-3　移动式伞形跨越架

【实践案例21】制作特色警示标示牌

作业现场应挂标示牌是标准化作业现场不可或缺的安全措施，在技改大修工程中，会出现大量空气开关需要挂"禁止合闸，有人工作"标示牌的情况，标示牌挂上后不方便施工，影响工期还存在较大安全隐患。

国网宜昌供电公司将"禁止合闸，有人工作"标示牌与经过绝缘处理的长尾夹钢丝卡进行组合，以钢丝卡限制空气开关的分合，再将"禁止合闸，有人工作"字条对折粘在钢丝卡的尾部，制作出一种既安全又方便施工的标示牌，如图4-4所示。这件小型空气开关标示牌，不仅能起到警示作用，还从机械原理上保证了安全。

小型交、直流断路器"禁止合闸，有人工作"标示牌的前世今生

普通悬挂式标示牌	新型长尾夹标签	新型锁止标示牌
使用不便，固定不牢靠	带有机械锁止功能；形式不规范，不绝缘	带有机械锁止功能；形式规范，绝缘

图4-4　小型空气开关标示牌

4.4.2 安全氛围营造

要实现企业的安全理念为广大员工认同并变为行动自觉，必须有强有力的宣传手段做支撑。国网湖北电力高度重视安全文化载体表达和内容传递，在可学可用可传承上持续发力，开辟出"人人知晓、人人认同、人人践行"的文化传播路径，进一步推动公司核心安全理念和安全价值观往深里走、往实里走、往心里走，形成思想认同，强化思想引领、责任引领、价值引领，全力营造"我要安全、人人安全、公司安全"的良好氛围。

（1）以全覆盖的理念导入推动安全文化入脑入心。通过面向全员发布一本安全文化手册、拍摄一部安全文化宣传片、创作一首安全之歌，迅速让安全文化理念以生动的形式为广大干部员工所认知。针对不同岗位、不同工种组织开展安全文化教育课堂、讲座、培训，制作专业安全文化折页、班组安全文化口袋书，成套开发安全文化课程，打造内容专、水准高的知识库。

（2）以多渠道的传播手段推动安全文化见行见效。广泛开展"安全文化大讨论""安全辩论赛"等活动，发动全员参与到安全文化的学习、研讨和思辨中来。制作贴近基层一线的情景剧、顺口溜等宣讲作品，让安全文化共学、共情、共鸣、共勉。组织亲情助安活动，开展"一封安全家书""一次安全对话""贤内助吹好枕边风"等，把父母心、夫妻爱、子女盼的家元素深植安全生产。

（3）以接地气的原创精品推动安全文化落地生根。强化安全行为指引，推出精品文化产品。按照"有用、管用、实用"原则，国网湖北电力各单位开展安全影视、影像制品拍摄，宣传动漫、挂图制作，构建优秀安全文化作品，推动安全文化精品产品的推广。以职工群众喜闻乐见的方式，将核心安全理念孕育到传播载体中，在日常工作和生活中将安全文化融入点滴之中，占领安全生产宣传在班组、现场传播的"前沿主阵地"，加深全员对安全的深刻认识，实现安全文化随处可见、触手可及、伸手可用、遇事可查。安全文化传播方式更加直观、更加广泛，丰富了安全文化载体，激发了基层单位参与安全文化建设积极性，不断促进安全文化落地、安全管理提高、安全局面稳定，推动安全内化于心、外化于行、固化于制。

【实践案例22】丰富安全文化传播载体，全方位营造安全氛围

国网湖北电力各单位以推动安全文化落地为目标，精心打磨安全文化宣讲作品，涌现出了一批优秀实践成果。这些成果，其传播载体和内容增强了针对性和吸引力，以员工喜闻乐见、寓教于乐的形式向基层、一线、现场延伸，使每个人都能成为安全文化的传播者和实践者，推动了安全文化理念见行见效，实现了本质安全水平的全面提升，营造了良好的安全文化氛围。

制作"十不干"视频及海报。国网湖北电力聚焦理念落地、文化传播、示范建设，创建全国安全文化建设示范企业，推动安全文化融入安全管理、深入基层一线，及时总结提炼公司在安全文化理念宣贯、载体建设、特色实践、示范创建上的经验做法，通过项目化管理推动安全文化建设从无形到有形转变，探索出一条安全文化建设来源于公司有形实践，又升华为无形文化核心价值观的道路。公司生产作业"十不干"宣传MV及挂图等职工喜闻乐见的文艺作品让安全理念入脑入心，文化成果被国网公司推荐参加国家能源局"电力安全文化建设年"活动创新成果评选，如图4-5所示。

创造安全文化传播MV和歌曲。国网宜昌供电公司弘扬"生命至上，安全第一"思想、传播"1+9+N"安全文化理念，创造了歌曲《平安》MV。歌词摘录于"1+9+N"安全理念，配上优美的旋律。通过寓教于乐的形式，让员工在潜移默化中接受安全文化的熏陶。歌曲《六口茶》是一首恩施土家族民歌，在湖北乃至全国流传甚广，表现了土家人民对美好生活的殷切希望。歌曲中"一口一问、一问一答"形式，简单明了，容易被人们接受、传唱。国网恩施供电公司在不改动民歌原有曲调及整体框架的情况下，对歌词进行了

图4-5　国网湖北电力参加国家能源局"电力安全文化建设年"活动创新成果展示

改编，融入了安全相关内容，以"一问一答"的形式唱出来，在保留歌曲的原汁原味的基础上，很好地宣教了安全理念，赋予了《六口茶》新的生命力。《平安》词曲如图4-6所示。

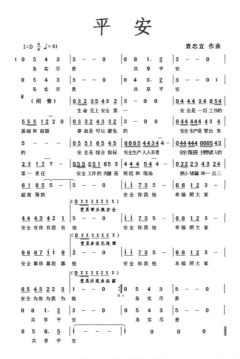

图4-6　国网宜昌供电公司创作的歌曲《平安》词曲

编绘《换流站当班的一天》连环画。为营造"人人知晓、人人认同、人人践行"的安全文化氛围，国网湖北直流公司集体创作了《换流站当班的一天》连环画，如图4-7所示，从运维人员的视角，以直流专业"四个精心"（精心监盘、精心巡视、精心操作、精心检修）安全文化为主线，将安全文化逐渐融入日常管理和行为习惯，进一步强化全员安全意识。漫画用于换流站、变电站展示，提醒一线人员要加强现场基础工作的规范执行，确保安全；同时也可用于电网企业对外宣传，让广大受众了解电力企业员工守护万家灯火的责任担当。

图4-7　国网湖北直流公司编绘的《换流站当班的一天》连环画

4.4.3　安全宣教阵地

文化铸魂，需要阵地赋能。它们就像是土壤和养分，为安全文化的生根发芽提供了必要的条件。

国网湖北电力在安全文化全面"建起来"的基础上，全力推动安全文化"用起来、活起来"，通过多种形式的安全文化物态载体，将公司安全愿景、安全使命、安全目标、安全方针、安全理念"可视化"呈现，提高员工对安全文化的理解认同，保障安全文化全面落地。

（1）构建矩阵开展宣传教育。分层分级打造"一阵地一室一墙"文化载体，省公司层面开展安全文化阵地建设，结合数字化转型要求，充分利用电子化、网络化优势，链接海量资源，覆盖各个专业，多角度、全方位展示国网湖北电力"1+9+N"安全文化的丰富内涵和生动实践。地市公司打造安全文化教育室，重在实操培训，整体具备安全文化引领、安全警示教育、作业风险体验、应急救护实操、典型作业安措培训等功能。基层班组充分结合班组实际建设安全文化墙，发挥班组职工主观能动性，体现班组特色，展示本班组工作业务相关的作业安全文化、班组安全文化实践，成为班组每天必看内容。

（2）线上线下发挥宣教作用。线下发动各单位依托安全文化教育室开展安全教育活动，利用安全文化墙开展班组安全日等常态学习，形成了安全文化传播周等特色实践活动，安全文化的影响力、辐射力不断提升。线上打造互动创新、数智赋能的"安全文化云上阵地"。通过交互技术等新兴手段，结合沉浸式电影过场和静态墙 AR 互动叠加等方式，让员工可在各个功能区进行内容互动，从而身临其境地感受安全场景和应对挑战。

【实践案例23】国网湖北电力安全文化阵地

国网湖北电力着力打造湖北电网安全文化精神高地，围绕公司"1+9+N"安全文化体系为主线，打造主题鲜明、底蕴深厚、电力特色、虚实结合的全国一流安全文化阵地。它是湖北电网安全文化发展的生动画卷，是员工、公司和社会的沟通媒介，更是全员宣教洗礼的安全课堂，具有"内聚人心，外塑形象"的作用。

国网湖北电力安全文化阵地集宣传展览、参观学习培训等多功能于一体，以海量数字化资源全方位展示公司"1+9+*N*"安全文化的丰富内涵和生动实践，是国网公司首家省公司级全数字化安全文化展厅，设置了核心安全文化区、安全概况区、专业文化区等8个功能区。

核心安全文化区：用主题影片、背景音乐、墙面图文来凸显"务实尽责，共享平安"核心安全理念、九大安全理念、"1+9+*N*"安全文化体系的内涵，力图给参观者留下深刻的第一印象，让参观者静下心来，定下神来，对安全产生敬畏、开始思考。

安全概况区：重点展示了国家安全生产纲要、安全管理原则，以及国网湖北电力公司发展历程。将公司安全理念与国家安全理念结合，围绕"安全是综合指标"整体定位，让参观者充分了解公司安全概况，意识到安全贯穿于生产经营、改革发展等全过程，感受到国网湖北电力系统的、全局的安全观。

专业安全文化区：站在安全的角度阐述专业文化在公司系统中发挥的作用、所处地位。中央大屏展现人身、电网、设备、网络等10个专业的专业安全文化，从发展、管理、安全三个维度，让参观者认识专业文化内涵、了解专业历史沿革、体系脉络，明白专业安全中的关键抓手、红线底线。制作"专业文化"抽拉柜，参观者可通过抽拉柜电子屏查阅各个专业的规程规章、专业知识，做深入学习。

安全警示区：利用全球大停电、国家重特大事故、国网人身事故等22个代表性事故的数据、文字组成警钟图案。播放自制影片《以案为鉴·警钟长鸣》，强调安全工作中的红线、底线。使参观者理解要做到"事故是可以避免的"，必须"抓小堵漏、举一反三、超前预防"。

安全管理区：居于专业文化区、作业文化区之中，与安全管理在生产工作中的核心地位相呼应，体现"安全生产是管出来的"安全文化理念，制作图文概括制度管理、责任落实、风险管控、安全督查、应急管理、安全培训等6个安全管理"文化内涵",以及朗朗上口的"工作要诀",便于参观者领会掌握,并滚动播放公司作风建设、班组建设、数字化转型、"一把手"讲安全等安全管理特色实践。

作业文化区:以电子屏收录作业文化图文资料及标准化作业视频;以电网建设场景沙盘让参观者快速进入电网建设世界,观看学习各项作业操作流程;以透明屏布置简单电力系统的3D模型,覆盖发、输、变、配各大基本环节中的设备,参观者可以在屏上点击模型,了解实际工作中的作业对象;以互动答题操作台设置安规答题双人闯关游戏,使参观者在学习思考和比拼中收获知识。以3D全息投影、MR混合现实及VR虚拟现实等技术,打造典型事故案例发生、电力高风险作业体验平台,增强参与者的感官震撼、互动体验、实践感知,促进"主动安全觉醒"。

安全实践区:设置沉浸式影院,播放《让历史告诉未来——"7·27"湖北电网瓦解事件启示》和其他10个安全故事。围绕国家安全政策、电网发展、安全发展三条主线,展示了湖北电力安全历程。分类展示重要荣誉、奖项,公司安全文化示范基地、安全文化示范点、安全类典型人物和安全文化建设示范成果。

国网湖北电力安全文化阵地是安全培训的重要基地和"打卡"课堂,建成至今共开展安全文化培训20余次,接待4300余人参观学习,为公司内外学习体验安全文化理念和成果、提升安全意识和水平提供了"一站式"平台,同时输出了公司"1+9+N"安全理念,打响了湖北安全文化建设品牌,推动安全文化根植在脑海之中、融入于灵魂之中,变为干部职工的身体本能、条件反射和行为自觉。

【实践案例24】"镇安园"安全文化示范点

万里长江,险在荆江。"镇安"二字取自江陵县地标镇安寺铁牛,清朝咸丰年间铸造,迄今守捍江滨已有 160 余年。时至今日,"铁牛"象征的甘于奉献、敢于担当的红色基因在江陵电网人的血里流淌,"镇安"代表的长治久安、防微杜渐的安全文化刻印在江陵电网人的心中。

国网荆州江陵供电公司充分利用办公区域约 6000 平方米的广场,融合中式园林景观和现代化技术,借助草坪、长廊、小亭、外墙,结合安全管理特色和党建工作实际,形成集文化宣贯、警示教育、VR 体感实操、趣味互动、红领党建等内容于一体的多功能"镇安园"安全文化示范点,成为员工党建精神家园和安全培训学习的主阵地。安全文化示范点包含以下区域:

"安全理念"区域:在园区中央小亭中悬挂着一口铜钟,以国网公司十大安全理念作为雕刻铭文,以警钟长鸣提醒员工谨记安全理念,铸牢安全意识。在园区草坪中耸立 10 根立柱,分别对应国网湖北电力一条核心安全理念和九大安全理念,立柱设置有二维码,扫码后可呈现相关具体内涵。

"安全警示"长廊:由"管隐患、控风险、反违章、保安全"四大展板的江陵做法和安全警示教育视频组成,长廊顶端设有风铃和照片。一根根红线悬挂着以员工的全家福照片为主题的风铃长廊,彰显着"亲情助安"的力量。红线代表着"安全底线",维系着家庭的安稳平和。江风习习、风铃声声,好似亲人们"平安"的叮嘱。在长廊四周设置了警示教育大屏,滚动播放警示教育视频,学习生产作业现场"十不干"。亲情助安和警示教育结合,以直观的方式告诫员工安全事故猛于虎,家庭平安系于安全一线,引导员工从"要我安全"到"我要安全"转变。

"体感实操"区域:主要包含两个体验功能区,一是 VR 体验,可模拟人身触电、高空坠落、汽车吊倾覆伤害、脚手架坍塌、杆塔倒塌、物体打击伤害等事故发生情景。二是心肺复苏与创伤急救,可进行心肺复苏与创伤急救实操教学。帮助员工在虚拟现实中学习现场作业操作方式、注意要点,实景模拟体验高坠、触电、火灾的可怕,亲身体验违章带来的后果,从心底树立敬畏意识，筑牢安全防线。

"趣味互动"区域：将体育健身和安规学习相融合，员工通过动感单车和冲浪板两种互动设施进行安规答题闯关和知识竞赛比拼，在挥汗如雨的同时，激活体内多巴胺和内啡肽辅助安规知识记忆，答题通关后还可累计积分兑换相应"小礼品"。通过寓教于乐、边学边练，将安全知识变成趣味游戏，激发员工的学习热情。

"五牛管现场"区域：以镇安铁牛为原型设计了五个卡通铁牛形象，分别代表现场工作负责人、安全员、管理人员、监理和作业主人，组成作业现场管控五种人。该模块设计了人机交互功能，通过踩踏地面标识和扫描牛身二维码，可以语音播放自身岗位职责。促进员工对现场管控"五种人"的责任认识，形成安全知责、明责、履责的良好氛围。

"安全学习"板块：园区具备培训功能，包含知安规、认设备、学案例、辨违章、亲体验、会急救六大块，通过扫码可以学习具体内容。设备板块介绍了输、变、配、营销各专业的主要设备，让职工对各专业有基本的认知。典型违章漫画板块含有49条典型违章漫画，并放置典型违章60条卡片，通过轻松活泼的漫画形象、通俗易懂的场景展现，让员工真正理解并严格执行一条条用血换来的制度条款，有效增强员工安全意识。

国网荆州江陵供电公司认真贯彻落实习近平总书记关于安全生产的重要论述，深入推进"红领铸安、青年强安、文化润安、亲情助安"的实施路径，切实推动党建工作的政治"优势"变为生产工作的安全"胜势"，营造了齐抓共管保安全、文化浸润强引领的良好氛围。

第5章

鄂电安全文化品牌

国网湖北电力结合自身实际，在安全文化的落地示范上提炼熔铸具有湖北特色的安全文化品牌。

5.1 "1+9+N"安全文化品牌

5.1.1 "1+9+N"安全文化缘由

国网湖北电力一直以来把安全文化建设作为重要基础性工作来抓，2022年年度安全工作会议对安全文化落地进行专门强调："安全文化是安全管理积累到一定程度的必然产物，也是安全管理迈向更高层次的关键要素。只有用文化去滋养人、引导人，让安全上升为广大员工的自觉行为和主动追求，才是实现长治久安的治本之道。""要把广大干部员工一致认可的、高度认同的好做法、好经验、好方法提炼出来、固化下来，上升为安全生产的方法论，上升为核心安全文化。同时，生产、建设、营销、产业等各专业，以及变电运维、继电保护、调度运行、输电检修等各工种，也根据工作特点，提炼核心精华，形成朗朗上口、共同认同的专业安全文化。"按照"三上三下"工作方法，广泛征集意见、提炼价值共识、反复研究打磨，初步建成了具有湖北电网特色和荆楚文化特点的"1+9+N"安全文化体系。

5.1.2 "1+9+N"安全文化内涵

国网湖北电力针对安全管理中存在积习已久的文化惯性，深入挖掘公司治企理念、管理制度、传统作风和先进经验中沉淀的文化精神，培育出一个"务实尽责，共享平安"的核心安全理念、"九大安全理念"、N个专业安全文化和作业安全文化，构建了"1+9+N"安全文化体系。

1. 一个核心安全理念

"务实尽责，共享平安。"经由国网湖北电力7.9万名干部员工投票遴选产生，具有最普遍的价值共识、最广泛的群众基础。"务实尽责"就是坚持问题导向，摸实情、讲实话，办实事、求实效，对每一项工作、每一个任务，做到心中有责、担当尽责，为企业实现安全生产长治久安提供坚强保证。湖北电网发展壮大，涌现出一批批安全生产先进榜样，他们"务实尽责"的精神激励着一代代电力人奋发图强。"共享平安"就是营造相互关爱、守望相助的和谐氛围，打造人人享有、惠及各方的安全利益共同体，凝聚本质安全建设的强大合力，使个人、家庭、企业和社会共享安全成果。

2. 九大安全理念

理念一：生命至上，安全第一。生命至上、安全第一，是人民利益至上的具体表现，是建设平安中国的思想引领。"生命至上"为"安全第一"提供思想引领和价值基础，"安全第一"为"生命至上"提供支撑保障，两者是有机的整体，必须同时讲、同时抓。要充分认识、深刻理解"生命至上、安全第一"这一根本的安全理念，就是要将其作为工作的根本出发点和落脚点，始终把保障安全放在先于一切、高于一切、重于一切的位置，决不能追求以牺牲安全为代价的发展，更不能以牺牲人的生命为代价。

理念二：安全是一切工作的基础和前提。安全管理"不等式法则"指出，$10000-1 \neq 9999$。安全是 1，没有安全，其他的 0 再多也没有意义。《地方党政领导干部安全生产责任制规定》指出，要严格落实安全生产"一票否决"制，进一步凸显了安全"1"的地位。安全生产是电网企业最根本、最基础、最重要的工作，是改革发展的前提和保障。工作中如果忽视安全甚至罔顾安全，在工程上盲目抢工期、赶进度，在有限空间内盲目救援，让设备"带病"入网、"带病"服役，往往会带来难以挽回的后果。必须把"安全是一切工作的基础和前提"融入抓安全管理的全过程，布置一切工作、安排所有计划、调配任何资源，都必须在保证安全的前提下进行，当进度、效益等其他工作和安全发生冲突时，必须为安全让路。

理念三：事故是可以避免的。根据辩证唯物主义，任何事物都是可以被认识的，事故也是一样，发生的原因都可以被认识，都是可以预防的。"上医治未病"告诉我们，最好的医生在病情发作之前就能消除病因。事故链理论也指出，事故是由人的不安全行为、物的不安全状态、环境的不良影响、管理的欠缺等同时串联导致，形成"多米诺骨牌"的连环倒塌，切断事故链中的任何一环，就能有效避免事故发生。我们应当坚决摒弃"事故不可避免"的"躺平"思想，调整思维模式，改进工作方法，从源头抓起、从制度抓起、从管理抓起、从行为抓起，采取有效的预防预控措施，把工作做深做细做实，以超前、系统的预防性管理，做到"常在河边走，就是不湿鞋"。

理念四：安全生产是管出来的。没有严格的管理不可能有安全稳定局面。安全生产要可控、能控、在控，这个"控"不是发文件发出来的、开会开出来的，也不是守株待兔等出来的，更不是撞大运撞出来的，是要真刀真枪管出来的。只有主动强化安全预防，隐患才能陆续消除；只有严格落实安全责任，安全各项管理制度才能第一时间落实到具体行动；只有从严加强安全管理，才能避免违规操作引发的安全事故。管了不一定立马见效，但一定会起作用；不管不一定立马出事，但一定会出事。实践证明，加大违章查处力度，安全事件就呈下降趋势，这就是管的效果。要站在对企业负责、对员工负责的立场，围绕"四个管住"，以"零容忍"态度对待安全事件和违章行为，将"严抓严管、敢抓敢管、真抓真管"原则一贯到底。

理念五：安全是综合指标。安全是一项系统工程，是一个企业综合素质和整体水平的综合反映，是一个企业政治生态、干部作风、治理能力、风气文化的综合反映，是一个班子凝聚力、向心力、战斗力的综合反映，是主要负责人工作态度和工作能力的综合反映，也是主要负责人真管与分管负责人实抓共同作用的结果，必须在各环节、各链条形成齐抓共管的强大合力。实践表明，一个企业管理体系完备、执行体系严密，各项工作抓牢、抓实，员工精神面貌昂扬向上，安全就可控、能控、在控。要强化"安全是综合指标"这个整体定位，树立系统的、全局的安全观，将安全贯穿于生产经营、改革发展等全过程，促进形成安全稳定、和谐发展的良好氛围。

理念六：安全生产，人人有责。新《中华人民共和国安全生产法》将企业"安全生产责任制"修订为"全员安全生产责任制"，突出强化了"全员"概念。电力企业涉及各行各业、千家万户，安全工作不仅关系到我们个人的安全，也关系到他人的安全。安全生产没有旁观者、局外人，每条战线、每个专业、每个岗位都对安全生产负有重要责任，每一名员工、每一个生产任务、每一项经营活动都与安全生产息息相关。必须树立"安全利益共同体"理念，强化"大安全"的整体意识、大局意识、协同意识和补位意识，主动担当尽责，密切协作配合，形成安全工作合力。只有每个人都落实好自身的安全职责，公司整体的安全稳定局面才能有基本保障。

理念七：安全责任是主要负责人的第一责任。新《中华人民共和国安全生产法》明确提出"生产经营单位的主要负责人是本单位安全生产第一责任人，对本单位的安全生产工作全面负责"，同时规定了主要负责人七项法定安全职责。公司各级主要负责人对安全工作必须责无旁贷，主动承担起安全生产第一责任，主动深入一线，统筹调动好各种力量，切实做到"配资源、实责任、控大局、把节奏"，确保安全生产的人员、装备、资金配置到位，各级各类人员安全责任压实到位，各个部门、各项业务协调推进到位，做到节奏不缓、力度不减、步伐不乱。

理念八：安全工作的关键是班组和现场。班组是构成企业的微小细胞，现场是生产施工的重要场所。安全生产的重心在班组、重点在现场，所有事故的直接责任和直接原因也都在班组和现场，这两个管不好，将直接动摇公司安全生产根基。抓好班组就要建强班组长、工作负责人两支队伍，配齐班组技术员、安全员，从专业技术、监督管理、执行落地等层面构建基层安全责任体系微小闭环单元。管住现场就要坚持"四个管住"，把安全措施的落实作为管控关键，将制度、规程和要求落实到现场。各级管理者要多走出办公室，多到基层、一线、作业现场，指导工作、解决矛盾，让安全管理更贴近基层、贴近现场、贴近设备、贴近实际，增强班组的凝聚力、执行力，提升现场管控水平，守牢安全生产主阵地。

理念九：抓小堵漏、举一反三、超前预防。海恩法则指出：每一起严重事故的背后，必然有 29 次轻微事故和 300 起未遂先兆以及 1000 起事故隐患。只管事故是管不住安全的，不出事不代表没有潜在风险；管苗头、管隐患才管得住安全，把可能导致事故发生的所有机理或因素，消除在事故发生之前。抓小堵漏，就是要树立隐患就是事故的观念，不放过任何一个小问题、小隐患、小苗头、小事件，发现了就要立即反应、立即处置、立即通报、立即处罚，防止把小问题拖成大问题、小风险拖成大风险、小事件拖成大事故。举一反三，就是要把别人的事故当成自己的事故，从个性的问题看到共性的问题，举一反三开展系统治理，关口前移做好事前防范，如果把事故当故事听，那么事故一定会找上门。超前预防，就是要"为之于未有，治之于未乱"，在预防为主、综合治理的过程中，积蓄把不确定性变为确定性的力量，把导致事故发生的所有机理或因素，消除在事故发生之前。

3. 形成 *N* 个专业安全文化

国网湖北电力深度总结各项工作中行之有效的好经验、好做法，上升成为制度管理、责任落实等6个安全管理文化，人身安全、电网安全、设备安全等10个专业安全文化，倒闸操作、高压试验、继电保护等25个作业安全文化，以及安全你我他、光美有约等安全创新文化，共同组成了"*N*"这个关键要素。每个特色文化通过朗朗上口的文化内涵、安全警句、主要做法和工作要诀，形成了更为具体更有操作性的行为准则，充分体现了安全文化来自基层、服务基层的规律特征。图5-1所示为国网湖北电力专业安全文化建设成果部分内容展示。

图5-1　国网湖北电力专业安全文化建设部分成果

"1""9"和"*N*"之间有着紧密联系的金字塔递进关系。"务实尽责，共享平安"的核心安全价值观，体现了安全发展的价值取向，反映了我们安全工作的实施路径和愿景目标，是整个"1+9+*N*"安全文化体系的思想内核。

"九大安全理念"是核心安全价值观在安全管理实践中的具体表现，是各级领导干部抓主要矛盾和关键环节，解决问题的基本遵循。"N个专业文化"是核心安全价值观的落地实践，是"九大安全理念"在方方面面的重要延伸和具体体现，是专业管理、作业实操的规律性总结。三者自上而下，如金字塔般构成了"1+9+N"安全文化体系，为企业安全生产的长治久安提供有力文化支撑，如图5-2所示。

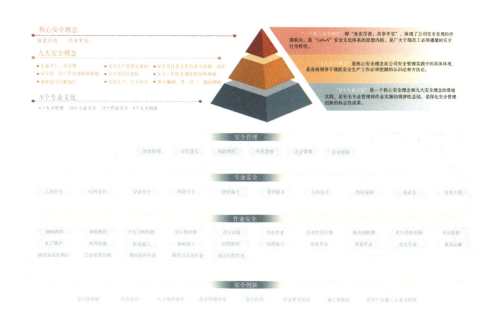

图5-2　国网湖北电力"1+9+N"安全文化体系图

5.1.3 "1+9+N"安全文化成效

国网湖北电力立足实际、突出实用，逐步形成了特色鲜明、脉络清晰的安全文化建设格局，汇聚起自觉推动"干在实处，走在前列"的源源动力。

安全文化理念浸润深入人心。开展"安全文化大讨论""安全文化传播周""安全辩论赛""文化沙龙"等活动,将安全文化宣讲融入百日攻坚、安全生产月、一把手讲安全课等活动重要内容,评选出"最美鄂电人""最美劳模",引导全员见贤思齐,形成安全文化学习、研讨的良好氛围。首创新春安全"五个一"活动,制作专业安全文化折页和口袋书,成套开发32门安全文化课程,组建基层安全文化宣讲队,让安全文化共情、共鸣、共勉。开展"一阵地一室一墙"建设,在省公司层面建设安全文化阵地,多角度、全方位展示特色安全文化的丰富内涵;在地市公司层面建设安全文化教育室,建成各具特色的安全文化教育室;在班组层面建设安全文化墙,实现班组安全文化墙全覆盖。图5-3所示为国网湖北电力"安全辩论赛"活动现场照片。

图5-3 国网湖北电力"安全辩论赛"活动现场

安全文化实践铸魂夯基固本。开展作业票实效化、作业文本严肃性治理,编制涵盖电网运检、基建、产业等各类作业现场履责标准卡,将专业安全文化、作业安全文化的精髓、做法、要求,转化为管理措施、固化到业务流程、体现到作业文本、落实到作业现场,提升了全员安全履职能力,推动了安全文化引领管理升级。开展"查纠讲"、无票无计划作业专项治理，实施防高坠、有限空间作业等专项检查，保持反违章高压态势，"作风建设深化年"活动取得实效。构建"总工程师—主任工程师—技术员"多层次、全覆盖的技术管理组织体系，印发技术管理制度体系，为推动干在实处提供智力支持和人才保障。图5-4为国网湖北电力"1+9+N"安全文化建设纪实。

图5-4　国网湖北电力安全文化建设成果"筑牢安全之魂"

安全文化建设成果硕果累累。挖掘基层安全文化优秀实践成果，建成现场安全培训、标准化作业等6个示范基地，开设"安全文化大家谈"网页专栏，发布一把手谈、管理人员谈、班组长谈等典型经验成果，开辟出"人人知晓、人人认同、人人践行"的文化传播路径。2023年，国家电网有限公司安全文化建设现场推进会在湖北武汉召开，国网湖北电力安全文化阵地被中电电力设备协会评选为"全国安全文化建设精品工程"，以全领域的示范建设推动安全文化融入管理、融入一线，形成了"多点开花、点面结合"的生动格局。图5-5所示为国家电网有限公司安全文化建设现场推进会的武汉现场。

图5-5　国家电网有限公司安全文化建设现场推进会

5.2 "安全你我他"安全文化品牌

"安全你我他"作为国网湖北电力打造的卓越安全文化创新品牌。

5.2.1 "安全你我他"缘由

2014年以来，国网湖北电力以"相互关爱，共保平安"的安全理念为指引，突出文化引领、行为规范和制度保障，全面推动"诚信、责任、创新、奉献"的核心价值观与"努力超越，追求卓越"的企业精神落地于安全生产领域，将"相互关爱、共保平安"安全理念具象化为"安全有你有我有他，安全为你为我为他，安全靠你靠我靠他"，并形成人文传播、行为指引、安全行动、示范基地建设"四位一体"安全文化建设体系，通过落地实践项目，让无形的安全文化有了有形的抓手。打造"安全你我他"这一卓越实践成果，有效提升企业的本质安全水平。

5.2.2 鄂电"安全你我他"内涵

国网湖北电力着眼于国网公司卓越企业文化在安全生产领域的落地实践，明确集核心理念、基本内涵、实践要求于一体的科学工作路径，大力营造人人关心安全、处处注意安全、上下共保安全文化氛围。

核心理念：突出以"相互关爱、共保平安"的安全理念为指引，在深化内涵与拓展外延上下功夫，切实用卓越的企业文化塑造人、引导人、凝聚人，引导广大干部员工自觉讲诚信、重责任、善创新、甘奉献，推动安全工作不断"努力超越，追求卓越"。

基本内涵："安全为你为我为他，安全靠你靠我靠他，安全有你有我有他。"是通过引导广大干部员工认清安全生产"为了谁、依靠谁"，着力提升安全意识和安全技能，做到"我的安全我有责，你的安全我负责"，形成"人人重安全、人人会安全、人人保安全"的工作合力。

实践要求：在个人实践层面上，打造"五关爱"的实践体系，通过"关爱企业、关爱他人、关爱自己、关爱家庭、关爱社会"的具体实践，促进电网安全、员工平安、企业稳定、社会和谐。

人文传播深植理念。持续加强全员理念，通过安全生产工作会、安全第一课、道德讲堂、班组微课堂等形式进行宣传，凝聚形成安全教育人人了解、人人参与、人人监督、人人自律的强大合力。

行为指引提升素质。明确安全责任，编制领导干部安全履职手册和个员安全责任清单，明确提出领导干部下基层、下现场"1223"履责要求。规范安全行为，全面推进标准化作业文化，发布专业标准化安全作业发布。提升安全素质，落实安全技术等级认证操作规范，健全常态化安全培训和考试认证机制。

安全行为强化作风。领导履责落实到位，以上率下，建立领导干部安全履责档案，开展"四不两直"安全督查，充分发挥领导干部在安全履责中的"头雁"效应。加强班组基层建设，实施班组安全管理"五项行动"，实现偏远站所"五小"全覆盖。

示范基地辐射有力。精选在安全文化建设表现优秀单位，打造安全文化示范基地，创建地市级安全文化建设示范企业，突出专业安全管理和"安全+传统文化"特色，推进八大示范基地建设，充分发挥引领一片、辐射一片、带动一片的影响力。

5.2.3 鄂电"安全你我他"成效

"安全你我他"融合荆楚文化特色、地方文化底蕴，打造特色安全文化示范点。"安全你我他"卓越实践以先进的理念、清晰的思路、科学的方法，全面提升了本质安全水平，得到国网公司安监部的多次肯定，国家电网报对其安全管理的创新经验进行了大篇幅专题报道。

形成安全文化超前谋划的新思路。全面探索安全文化建设路径，制定《国网湖北省电力有限公司深化"安全你我他"文化实践行动计划》，编制"电力安全文化建设年"活动方案，总结十二条安全理念，丰富完善安全文化建设的核心理念和支撑平台。2020年1月，进一步提炼升华"十大安全理念"，发布《十大安全理念》专题宣传片，组织设计宣传系列海报，形成浓厚"十大安全理念"宣贯氛围。

形成安全文化齐抓共管的新格局。全面构建"3+1"安全管理体系，明确安全保证、保障、监督部门安全职能定位，实施组织、人资、监督等部门一体化安全考核，安全文化建设各负其责、党政工团齐抓共管的局面。推动党建与安全生产深度融合，开展"党建+安全"管理创新、"青安先锋"专项行动、"青安先锋"百千万成长计划、班组安全管理"五项行动"、职工技能运动会、"安全你我他"演讲比赛等活动，广受关注，队伍活力竞相迸发。

形成安全文化传播载体的新渠道。2017年，国网湖北电力推出"鄂电安全你我他"微信公众号，如图5-6所示，推出安全头条、安全讲堂、安全技术等专栏板块，公众号受到关注人数约十万人，传递出安全管理典型经验。2020年，安全头条和安全提示受到广泛关注，平均阅读量高达1600余人次。国网湖北电力内网主页开辟专栏发布安全生产第一责任人署名文章，择优选取优秀作品，汇编出版《安言》书籍，形成人人守护安全的良好氛围。

图5-6　国网湖北电力"鄂电安全你我他"微信公众号

形成安全文化项目建设的新平台。2014~2020年，打造了"安全你我他"实践项目，开展"人文传播、行为指引、安全行动、示范引领"四个类型的项目建设，采用"功能定位—方案设计—明确标准—施工建设—过程督导—结项验收—动态改进"的运作模式，建成光美实训基地、应急安全文化示范基地、安全生产示范企业等安全文化示范基地。

图5-7　国网湖北电力安全文化落地实践新成果

　　形成安全文化落地实践的新成果（见图5-7）。编撰出版《安全你我他·一封家书》《安全你我他手册》等书籍，表达职工及家属对安全的深情期盼与无悔坚守。2017年，"安全你我他文化"建设项目在中电联安全文化评比中荣获优秀成果一等奖；2018年，"本质安全·三年登高"被列为国网公司年度企业文化建设重点项目，"安全你我他"微电影集锦被中国电机工程学会评为科普作品优秀奖；2019年，《电力安全心理评估研究》书籍、"光美有约"安全文化品牌、"安全你我他"微电影集锦、生产作业"十不干"宣传MV及挂图4个文化成果参加国家能源局"电力安全文化建设年"活动创新成果评选并获奖。图5-8所示为国网湖北电力"安全你我他"文化落地成果发布会现场。

图5-8　国网湖北电力"安全你我他"文化落地成果发布会现场

5.3　"光美有约"安全文化品牌

"光美有约"作为国网湖北电力打造的安全文化创新品牌。

5.3.1 "光美有约"安全文化缘由

2013年，湖北省组织开展了寻找"最美基层安全卫士"大型公益活动，共吸引170多万人次参与投票评选，在全社会引起了强烈反响。同年12月26日，湖北省首届"最美基层安全卫士"授称仪式上，国网宜昌供电公司员工吴光美荣获"最美基层安全卫士"称号并被授予湖北五一劳动奖章（见图5-9）。围绕"国家电网公司特等劳动模范、湖北省首届最美基层安全卫士"吴光美先进典型，国网宜昌供电公司以"光美安全工作室"为平台，以"光美有约""光美巡讲""光美三进""光美人性化稽查"等活动载体为抓手，大力营造"相互关爱、共保平安"安全氛围，走出了一条通过安全文化落地促进本质安全水平的新路子。

图5-9　湖北省首届"最美基层安全卫士"吴光美先进典型

5.3.2 "光美有约"安全文化内涵

"光美有约"安全文化以吴光美同志为原型，与作业人员达成的安全约定。成立国网宜昌供电公司首个"光美安全工作室",线上设立光美服务热线,线下设立光美请你喝杯茶暖心方式,依托光美工作室实训基地,打造工匠队伍。

在长期的工作实践中,以吴光美为代表的一批安全生产先进典型,为解决基层安全生产困局带来了曙光。吴光美同志从事稽查工作30年,稽查里程达到30万千米,她秉持"稽查就是积德"的朴素理念,以铁面无私、一丝不苟的工作作风,化解了大量的安全风险,遏制了多起安全事故悲剧。吴光美表现出的安全自觉、安全素质和安全能力,完美地诠释国网公司安全文化在基层实践的丰富内涵。紧紧抓住吴光美身上的安全文化特质,大力打造"光美"安全文化品牌,以"光美安全工作室"为阵地,以"光美有约"特色主题宣教活动为载体,以"四区一线一坛"("意识强化区""技能提升区""评估鉴定区""创新工作区"和"光美服务热线"以及"三种人论坛")为路径,创新推出"三种人"培训模式和"互联网+"远程稽查法,营造"相互关爱、共保平安"安全氛围,全面提升安全防控能力,持续推动企业本质安全水平迈上新台阶。

"光美有约"营造安全生产强大气场。为营造强大的安全生产气场,国网宜昌供电公司持续打造"光美"安全品牌,借助光美安全巡讲、主题歌曲及MV制作、安全三句半、安全梦、安全家书征文等多种活动,营造全员"感受关爱、自我关爱、相互关爱"强大气场,传递"人人管安全、事事抓安全、时时重安全"强大正能量。

"光美师带徒"培育"三种人"队伍。深化"师带徒"活动,努力发挥"光美"文化品牌力量,依托"光美工作室",为企业培育更多的合格"三种人"队伍。"光美工作室"分为"四区一线一坛",其中"意识强化区"固化"三种人"遵章守纪习惯。"技能提升区"主要对"三种人"理论知识、实操技能进行培训和强化。"评估鉴定区"对"三种人"履责能力进行测试和评估。"创新工作区"开展基层安全管理课题研究。"光美服务热线"为基层班组提供指导。"三种人论坛"定期组织经验交流。

"光美请你喝杯茶"春风化雨解疙瘩。安全稽查管理人员与现场施工作业人员情绪对立在基层单位较为普遍。推出"光美请你喝杯茶"系列活动,其内容涵盖24小时光美服务热线、"人性化"稽查、"喝杯茶"安全约谈等内容。"光美请你喝杯茶"活动,旨在营建真诚、平等、亲和的沟通交流环境,将人性化安全管理方法与安全生产刚性要求无缝对接,努力做到安全生产管理刚柔相济,春风化雨解疙瘩,有效破解安全管理人员与被管理人员的对立困局。

"光美互联网+"延伸现场管控触角。当前"互联网+"技术日益成熟,为创新安全稽查方式提供了新的思路和办法。随着当前配电网建设的全面铺开,稽查人员不足与工地数量增多的矛盾日益凸显。通过研发"远程稽查系统",延伸现场管控触角,实现安全稽查全覆盖;创新"四横三纵"安全稽查管理模式,有效整合安全稽查力量,在点多面广、人员有限的条件下,让安全稽查更科学,更高效。

"光美安全三进"促进联保共建。保障供电安全需要全社会共同关注,"光美安全工作室"利用"光美"安全文化品牌辐射力和穿透力,面向全社会开展进校园、进企业、进乡镇的"光美有约·安全三进"活动,全面传授安全用电的重要性、破坏电力设施的危害性,提高全社会安全用电和电力设施保护意识。同时,针对安全管理用电在线路清障、安全用电防范等方面存在的一些困惑,以供电企业、地方政府、用电客户"三方联保"的方式,有效破解农电安全管理难题,构建供用电"双赢"格局。

5.3.3 "光美有约"安全文化成效

全员"会安全"能力大幅提升。通过"光美"安全文化建设,国网宜昌供电公司各级安全责任和各类安全规章制度得到了有效落实,现场违章率大幅下降，安全生产执行力大幅提升。"光美有约"安全文化创建以来，国网宜昌供电公司先后荣获国网湖北电力"安全生产红旗单位"、湖北省"安全生产先进单位"等荣誉。

社会"护安全"意识大幅强化。通过将"光美有约"安全品牌传播到社会各界，加大电力设施保护及安全用电宣传力度，提高全社会对供电公共安全的自觉性和主动性。争取政府、村组各部门支持，形成外破、山火联防共防机制，认真做好日常维护、三级管控、社企联动等各方面工作，国网宜昌供电公司多年实现属地运维"零跳闸"目标，确保境内3255千米输电线路和三峡水电外送安全，为圆满完成各类重大保电等保电工作打下坚实基础。

品牌"传安全"质效大幅彰显。"光美有约"安全文化品牌创建以来，"光美安全工作室"先后接待系统内外各单位10余万人次参观，极大提升了"光美有约"安全文化品牌的穿透力和覆盖面。工作室多篇典型经验入选国网公司和国网湖北电力典型经验库，相关事迹在人民网、国家电网报、中国电力报等中央权威媒体刊载，为广大兄弟单位提供了可复制、可借鉴、可推广的安全文化建设典型经验。

5.4 "智安"安全文化品牌

5.4.1 "智安"安全文化缘由

智慧化身诸葛亮，底蕴丰厚诸葛亮。近年来，国网襄阳供电公司深化国网公司企业文化在安全生产领域的落地实践，以国网湖北电力"安全你我他"为指引，坚持"文化立企""安全固企"，在系统总结安全生产实践的基础上，深入挖掘其治企理念、管理制度、传统作风和先进经验中沉淀的文化精神。

结合地方历史文化积淀和企业安全生产实际，走安全路、举文化旗、打智慧牌，借鉴襄阳历史名人诸葛亮人文特色，从"智心、智行、智策、智能"四个维度，打造具有襄阳地方特色的"智安文化"。

5.4.2 "智安"安全文化内涵

"智安文化"是国网襄阳供电公司多年来安全文化建设实践成果，以"四个管住"为出发点，从内涵上讲，"智安文化"细分为四个维度。一是"智心"，就是汲取襄阳历史人文精髓，运用"诸葛一生唯谨慎"等人生智慧，启迪安全思想、指导安全工作，有感提升全员明理、人本、自主安全意识；二是"智行"，就是追求"淡泊以明志，宁静而致远"的人生境界，弘扬"高严细实快"的作风，当老实人、说老实话、办老实事，全面规范安全管理流程和全员安全行为；三是"智策"，就是突出崇法善治的思想，以严格要求、严密组织、严肃态度、严明纪律，全方位加强安全教育、管理和监督，形成安全工作协同发力、齐抓共管的有利格局；四是"智能"，就是在传承的基础上创新，提升现代信息技术与安全工作融合度，一体化打造智能型安全全链条管控模式，推进安全管理向数字化和智能化升级。实践证明，实施"智安文化"建设，对于落实总体国家安全观，全面构建本质安全型企业，推动高质量发展，具有十分重要的意义。

以人为本启智"心"，为"四个管住"提供思想保障。人是管理决策、现场作业和管控措施执行的主体，人的行为和习惯，直接影响着制度执行与落实，是安全管理的核心要素。安全管理矛盾的核心是人，重中之重是人的思想。"智安文化"建设，注重从"心"开始，牢牢抓住"人"这个关键因素，让"安全第一"成为价值取向，真正内化为广大干部员工的人生觉悟、职业需求和自觉行为，为"四个管住"提供有力的思想保障。

标准作业施智"行"，为"四个管住"提供行为保障。供电作业属于高危工作，必须科学严谨、认真细致。实施标准化安全作业，形成规范有序的工作氛围和作业秩序，能够有效增强安全生产责任感、仪式感和敬畏感，起到强化基础、规范管理、杜绝事故的重要作用。"智安文化"建设，久久为功坚持十余年，通过打造标准化现场作业模式，着力引导员工严格按照作业流程和行为标准实施作业，确保所有工作有章可循，让"标准作业"成为行为习惯，有效促进管理规范化、工作程序化、生产专业化和治理现代化，切实为"四个管住"提供行为保障。

崇法善治用智"策"，为"四个管住"提供制度保障。安全文化是安全管理高级阶段。有效防范各类安全事故，不仅需要思想教育"软抓手"，更要依靠制度规范"硬约束"，只有软硬结合、刚柔并济，安全生产工作才能稳步前行。"智安文化"建设，强化崇法善治，建立健全安全制度规范，强化安全奖惩考核激励，让遵章守纪成为广大干部员工的思维模式和原则底线，使安全价值理念融入工作流程、应用到管理工具、体现在体系建设中，确保真正做到"四个管住"。

科技创新赋智"能"，为"四个管住"提供技术保障。随着"大云物移智链"等技术广泛应用，电力系统正朝着具有"双高"形态、"双新"特征的新一代电力系统快速发展，电网形态和特性发生深刻变化，电网向具有更高智能化的能源互联网方向不断升级。加大安全科技支撑，是融入新发展格局迫切需要。"智安文化"建设，立足于向科技要安全，通过加强安全生产科技支撑，积极创建智慧安监、智慧运维、智慧工地等方式，着力打造一体化、智能型全链条安全管控模式，加快实现电网智能化升级、管理数字化转型，切实为"四个管住"强技赋能。

5.4.3 "智安"安全文化成效

随着"智安文化"建设不断走向深入，其在安全生产中的引领、辐射、保障作用全面彰显，有力推动了"四个管住"落到实处，维护了国网襄阳供电公司安全稳定局面。"智安文化"建设受到国网公司安监部高度评价和国网湖北电力重点关注，相关安全文化成果在电网头条"安全文化展厅"、国网湖北电力楼宇视频等平台发布。积极打造"智安文化库"，编撰"智安故事集"和管理手册，已拍摄制作涵盖6大专业标准化安全作业系列教学示范片12部，其中8部由中国电力出版社出版。

"智安文化"建设对"四个管住"作用成效体现在四个方面。

强化凝聚力，促进计划源头有力管控。在"智安文化"指引下，国网襄阳供电公司安全管理逐步向数字化管控模式转变，计划管理更加精准化、精细化、智能化，"无计划不作业、无票单不开工"理念深入人心，作业人员"出门有单、工作有票"意识基本树立，计划管控组织保障体系和工作流程不断完善，施工方案的针对性、操作性和指导性有效提升，建立健全作业计划常态工作机制。

强化辐射力，促进队伍基础全面夯实。"智安文化"建设中，国网襄阳供电公司突出以点带面的示范辐射效应，持续强化作业班组自主管理能力，2个班组被评为国网公司"自主安全管理能力提升试点示范班组"。运用法治化和市场化手段，建立公平、公正、公开的安全准入和退出机制，深入推进分包队伍"同质化"管理，对多家施工项目部开展复工安全准入评估，真正让技术技能水平高、安全履责能力强的队伍成为保障现场作业安全有序组织实施的有效载体。

强化约束力，促进人员素质大幅提升。国网襄阳供电公司注重发挥"智安文化"的激励约束作用，动态评价Ⅰ至Ⅳ类工作负责人，对违章人员开展"安全再教育"活动，将有形规章制度内化为干部员工良好安全习惯。国网襄阳供电公司上下安全意识显著提升，领导层作出符合安全理念倡导的决策行为；管理层按照安全理念要求制定和宣贯规章制度；执行层遵循安全理念引领，逐渐形成符合制度规范要求、适应设备机具和作业环境的安全观念态度、意识能力和行为习惯，形成了领导层"安全履职"、管理层"安全管事"、执行层"安全作业"良好工作氛围。

强化执行力，促进现场管控高效有序。国网襄阳供电公司以"智安文化"建设为抓手，持续强化现场作业执行力，确保各项安全管控措施一贯到底。坚持不懈创建标准化安全作业现场，"三有三无六统一""四化"等典型经验在全省推广，标准化安全作业现场创建数量由2009年的186个上升到2023年的6.48万个，增长348倍。运用"一平台、一终端、一中心"监督管控体系，安全风险管控能力和监管效率大幅提升。深化深基坑作业一体化装置、变电站装配式等技术应用，施工作业机械化水平、安全水平持续提升。近年来，国网襄阳供电公司被国网湖北电力评为"Ⅰ类安全生产突出贡献单位""标准化安全作业优秀单位"。

5.5 "孝安"安全文化品牌

5.5.1 "孝安"安全文化缘由

孝感因孝得名，以孝驰名，孝感是全国唯一以"孝"命名的地级城市。国网孝感供电公司植根于浓厚的"孝"文化土壤，紧紧围绕建设"具有中国特色国际领先的能源互联网企业"战略目标、"一体四翼"发展目标，牢固树立"安全第一"发展理念，坚持"严字当头、实字托底、安字为本"，以实际行动践行"安全是最大的孝道"企业安全管理思想。将"孝"文化融入安全生产领域中，锤炼出"守安行孝"的"孝安"文化，结合国网湖北电力"十大安全理念"，基于安全生产实际，提炼形成"五孝五安"实践体系。以润物无声的形式，将"孝文化"、企业文化内涵融入职工工作以及生活日常中。积极开展"小善微孝"志愿服务活动，营造全员德入人心良好氛围，"孝文化"逐渐内化为员工道德实践共识。

5.5.2 "孝安"安全文化内涵

弘扬孝道，建好安全管理体系。始终围绕"安全就是效益、安全始终位于企业管理的最高层级、企业必须为员工提供安全的工作条件"安全理念，压紧压实各级安全责任，让"安全是最大的孝道"成为国网孝感供电公司上下遵循的自觉行为规范。崇尚孝德，落实岗位安全职责。始终秉持"安全"这个前提和要素，落实好"谁主管谁负责、管业务必须管安全"工作要求，把"履职尽责是最重的孝德"的理念真正印入脑海、融入血液、注入行动。

崇尚孝德，落实岗位安全职责。始终秉持"安全"这个前提和要素，落实"1223"安全履职工作要求，修订领导安全包保责任制度，建立节假日领导带班值班安全履责常态机制，实现安全监管无缝衔接。每周挂网通报考核各单位、专业部门安全履责情况，把安全管理能力、安全履责情况及安全考试成绩作为干部任用重要考核依据。

重视孝行，确保各级遵章守纪。无计划、无票单、无安措作业，是现场安全面临的最大威胁。国网孝感供电公司不断强化作业现场安全管理，将"遵章守纪是最好的孝行"落实到安全生产各层级。固化"远程+现场""专业+专职"稽查模式，深化作业风险管控系统应用，将"四个管住"安全要求落地生根，全面推动布控球、智能安全帽、智能接地线等智能设备广泛应用。

传播孝情，提高安全保障能力。国网孝感供电公司不断培育安全"种子"意识，在工作中通过常态化、体系化的安全培训，持续强化员工安全记忆、安全能力、安全习惯，让"人人长本领是最深的孝情"体现在真抓实干中。

《深化风控系统应用提高班组安全水平》成果入选国网公司班组安全建设先进经验，编制《全能型供电所安全管理一本通》在全省推广。

珍惜孝心，营造全员安全氛围。基于"人人都是安全员、个个都有安全责任"企业大家庭安全思维，提炼"人人为安全是最美的孝心"文化标识，汇聚起安全有你有我有他、为你为我为他强大合力。推进班组"五小"建设，实施供电所"暖心工程"，实现基层站所"一所一车"配置。举办"我为班组安全代言""亲情助安"等活动，"四级四类"专家人才、"青安先锋"挂点班组，发挥安全辐射作用。积极开展政企协作，成立全省第一家联合属地政府电力专委会，服务地方经济促进大安全生产格局。

5.5.3 "孝安"安全文化成效

推进"孝文化"理念内化于心。深刻总结"孝文化"优秀内涵，通过各种载体传播"孝文化"，积极开展"小善微孝"志愿服务活动，"孝文化"逐渐内化为员工道德实践共识。2015年，成立国家电网湖北电力（孝感·孝心）共产党员服务队，引领党员干部职工通过宣讲涉电安全知识、维修电气设备等志愿服务活动，建立"孝心基金"，帮扶孤寡老人，以实际行动把电力的光和热送到千家万户，赢得社会广泛赞誉，国网孝感供电公司蝉联五届全国文明单位。

践行"孝文化"理念外化于行。倡导"善待设备，凸显孝情"设备运维理念，推行"设备主人制"管理，组织一线员工与设备"认亲"，以"一账、一卡、一人"贴心保障电网安全稳定运行。开展阳光业扩服务，全面推广线上办电服务，推动政企信息互联互通，践行"你用电、我用心"的核心服务理念。打造具有地域服务特色供电所安全示范点，建成10个城区供电服务站和8个配网抢修班，推进"两降一升"攻坚行动，95598投诉同比下降。

传播"孝文化"理念赢得共识。围绕"尊老敬老、关爱后代"传统美德，国网湖北电力（孝感·孝心）共产党员服务队先后获得"全国最佳志愿服务组织""荆楚学雷锋示范团队"等称号，队员荣获"感动孝感十大人物"等荣誉，事迹被人民日报、光明日报、中央电视台等主流媒体报道。《光明日报》评论指出："孝心"服务是对党"为人民服务"宗旨的生动诠释，也是对社会主义核心价值观的生动注解。

5.6　直流专业"四个精心"安全文化品牌

"四个精心"作为国网湖北直流公司打造的安全文化创新品牌。

5.6.1　直流专业"四个精心"安全文化缘由

国网湖北直流公司是湖北直流运维业务支撑与实施机构，也是国网公司直接批准成立的国网系统第一家专业从事直流运维检修管理单位，更是国内最早从事换流站运维管理单位。从1989年中国首个超高压直流输电工程——葛南直流输电工程投产运行开始，湖北境内第一座换流站葛洲坝换流站送电成功，实现葛洲坝水电直送上海，拉开中国直流跨区联网输电大发展的帷幕，标志湖北直流事业开始。这二十年间，依托葛洲坝站，面对"超柔特兼具、交直流混联、送受端并存"全新发展挑战，国网湖北直流公司结合换流站安全生产实际，以建设特高压武汉换流变电站专业安全文化标杆站为契机，提炼融合直流专业实际的文化源头活水，打造根植湖北直流事业情怀的特色安全文化，逐步形成"四个精心"安全文化，如图5-10所示。

5.6.2　直流专业"四个精心"安全文化内涵

"四个精心"安全文化是围绕"事故是可以避免的"安全理念打造而成，

图5-10　国网湖北直流公司"四个精心"安全文化建设成果

它包含"精心监盘、精心巡视、精心操作、精心检修"等四个方面内容，形成班组间可复制的典型经验和特色做法，促进安全管理工作全面提升，将安全管理要求融入日常运维工作行为，有力保障重点工程、保电工作"万无一失"。

"精心监盘"指聚焦电网负荷潮流、设备状态参数和运行事件报文，持续做好"日比对、周分析、月总结"，第一时间发现设备异常，及时开展应急会商及处置。

"精心巡视"指聚焦设备健康状况跟踪，深度运用数字技术，开展"智能设备+人工巡视"高频次、多类型、全方位巡视，及时发现设备缺陷隐患，努力提升设备状态评价精准性。

"精心操作"指聚焦杜绝电气误操作，持续完善换流站防误技术措施，积极推进"一键顺控"改造，刚性执行操作风险等级与人员星级匹配、倒闸操作"双监护"制度，严格落实"六要""七禁""八不"，充分确保倒闸操作零差错。

"精心检修"指聚焦作业风险管控，严格执行作业计划专业会商和作业文本"四级审核"工作机制，强化管理人员同进同出、反违章"查纠讲"、检修后评估、外包队伍评价，不断提升换流站精益化检修水平。

"四个精心"不仅是湖北直流人对深入践行"两个主人制"工作行为的充分凝练，更是对直流专业安全使命和直流人事业情怀的历史文化传承。它让无形的直流特色专业安全文化转变为"看得见""摸得着""落得实"的现实标杆，促使安全文化融入专业、班组和现场，广泛营造出自觉、主动的安全工作氛围。

5.6.3　直流专业"四个精心"安全文化成效

以文化为"推进器"，提升安全管理质效。国网湖北直流公司将"四个精心"直流专业安全文化纳入安全生产全流程教育培训，成为每位员工"必修课"，浸润提升员工"我要安全"主动意识。通过全员深入践行"四个精心"直流专业安全文化，葛南改造安全管控、换流站消防安全管理亮点在《国家电网工作动态》发布。2023年，成功斩获国网湖北电力"安全生产红旗单位"，年度安全工作指标在全国直流专业中名列前茅，整体安全管理水平大幅提高。

以文化为"安全带"，保障现场作业安全。开展运维和检修作业，严格落实作业风险源头管控，刚性执行作业文本"四级"审核，健全完善应急会商等工作机制，实现严重及以上缺陷"动态清零"。完成龙泉换流站控制保护系统改造、葛洲坝换流站综合改造和江城直流控保改造等工程，树立直流设备国产化改造的"湖北样板"，为系统内其他换流站提供典型经验。

以文化为"压舱石"，夯实安全生产基础。建设换流站安全文化长廊，构建"沉浸式"班组安全文化宣教主阵地，让员工能够身临其境感受安全使命、安全文化和直流精神传承。龙泉换流站荣获2023年"全国青年安全生产示范岗"称号，强化全员思想认同和实践认同，形成安全理念同频、安全责任同担、安全行为同步、安全成果共享良好工作局面，夯实安全生产基础。

以文化为"风向标"，彰显湖北直流精神。通过打造"四个精心"直流专业安全文化，有效提升直流专业安全生产管理效能，《换流站当班的一天》和《安全文化长廊》分别斩获国网公司第一届安全文化建设文创作品一、二等奖。建成特高压武汉换流变电站安全文化长廊，打造国网首个专业安全文化落地标杆站。2023年8月，国网公司各相关单位在特高压武汉换流站参观对安全文化建设成果给予了高度肯定，擦亮湖北直流名片。

5.7 六指供电所安全文化建设示范点

5.7.1 六指供电所安全文化缘由

国网武汉市黄陂区供电公司六指供电所地处武汉市黄陂区东部，负责辖区内10千伏及以下业务的"全能型"乡镇供电所，供区面积291平方千米，服务客户3.2万户。为深入践行"务实尽责，共享平安"这一核心安全理念，六指供电所大力营造浓厚的班组安全氛围，重点围绕与供电所业务关联度最高的营销和配电专业，从近电作业、高处作业、配电抢修等实际工作场景入手，积极探索安全文化在基层班组落地实践，让"安全工作的关键是班组和现场"深入人心，"安全生产、人人有责"形成共识，全力以赴将六指供电所打造成服务客户"最后一公里"安全堡垒，如图5-11所示。

图5-11　国网武汉市黄陂区供电公司六指供电所安全文化建设成果

5.7.2　六指供电所安全文化内涵

重宣教,安全氛围"走在前"。结合工作实际,分级打造具备供电所特点的"一墙、一牌、一岗"文化传播载体,提出六指供电所安全文化落地"精益运维 快速响应 遵章守纪 平稳有序"16字要诀,营造浓厚安全氛围。在日常工作中,贯彻"六指模式",竖起一个大拇指,紧抓其他五指,通过"同进、同出、同管"的权利清单、线损管理、优质服务、星期三充电站、六同齐家文化理念,"一掌"握住每一天,实现员工获得感、幸福感。

夯基础,班组安全"齐争先"。推行班组安全日"轮值主讲",所长带头讲,技术员、安全员、工作负责人经常讲,轮流领学《安全文化手册》谈体会,结合供电所"N个专业"谈措施,围绕"幸福照大家"谈愿景,实现安全理念入脑入心。按照"干什么、练什么、精什么"的原则,制定差异化培训"一人一档",创办"周三充电站",每周三分批开展核心安全技能培训及专业技能培训,实现外勤班组"全员通关"。"差异培训"提升员工技能。

重实践,"设备主人"强责任。严格落实设备主人制,将全所 14 条 10 千伏线路、537 个台区运维责任都明确到个人,通过"一线一档""一患一档"对设备开展差异化运维,有效解决鸟害树障难题,实现 2023 年线路"零责任性跳闸"。"积分评价"细考核,实施"113"积分制和每月"541"评价制,将安全考核与日常工作紧密挂钩,将运维抢修、装表接电等业务工单积分作为最主要权重指标,让员工"干多干少不一样、干好干坏不一样"。

强管控,风险管控"干在实"。严格计划管控,常态化开展无票无单行为倒查,将日常生产、营销工作及工程项目施工全部纳入管控,做到"事事有计划、出门有工单"。严格落实计划"月统筹、周管控、日安排",利用墨迹天气 App"小时级"天气预警能力,实现计划全执行。认真开展风险辨识和评估,做好现场勘查台区图纸和风险辨识卡必带,真正实现"抓小堵漏,举一反三,超前预防"。建立安全措施联合审查制度,工作负责人对照"电网一张图",会同台区经理、供电所所长明确现场安全措施,再签发工作票。紧盯作业现场,做好班前会"三交代",工作负责人宣贯作业文化要诀,考问工作班成员风险点和防范措施。聚焦近电作业"一条红线",落实登高作业"四必须",对人身伤害说"不"。

5.7.3　六指供电所安全文化成效

安全管理基础不断夯实。六指供电所围绕国网公司十个核心安全文化理念和国网湖北电力"1+9+N"安全文化体系,积极探索安全文化在基层落地实践,所内员工对安全工作认识和理解更加深刻,员工在日常工作中自觉遵循安全规章制度,严格遵守安全操作规程,形成了良好的安全行为习惯。

安全管理质效稳步提升。六指供电所以"干在实处,走在前列"为主题主线主基调，做到安全文化落地与业务工作同谋划、同部署、同检查、同落实。总结和推广班组学习、设备运维、现场管控等可复制的安全管理经验，促进安全管理良性循环，先后荣获国网湖北电力"五星班组""安全生产先进集体""营销竞赛示范供电所"等荣誉，班组安全文化墙被评选为国网湖北电力"百佳安全文化墙"示范点。

安全文化氛围浓厚多彩。六指供电所将安全文化融入日常管理，从源头抓起、从管理抓起、从行为抓起，"安全第一"理念已成为全体员工的行为自觉，全力打造"全省领先"的标杆供电所，实现"安全你我他，幸福照大家"的安全愿景。2023年8月，国网公司系统内兄弟单位对六指供电所在责任落实、技能提升、"四个管住"等方面典型实践经验给予高度肯定。

5.8 "胡洪炜"带电作业班安全文化建设示范点

5.8.1 "胡洪炜"带电作业班安全文化缘由

国网湖北超高压公司输电检修中心带电作业班作为我国超特高压带电作业技术的发源地和引领者，主要担负着湖北交直流线路28条、全长2545.34千米超特高压输电线路带电维护和故障抢修等任务。现有班组成员14人，平均年龄37岁，拥有"±800千伏特高压带电作业世界第一人"胡洪炜、"1000千伏特高压带电作业第一人"李明等业内权威。近年来，"胡洪炜"带电作业班围绕超特高压输电线路带电作业这一领域，以"全国劳动模范""全国最美职工""全国最美青工"为核心，以班组为安全阵地，着力培育"务实尽责，共享平安"核心安全理念，在"1+9+N"安全文化体系落地上持续用力，营造浓厚安全文化氛围，如图5-12所示。2021年9月22日，《人民日报》在题为

《论中国共产党人的精神谱系之十九：必须大力弘扬劳模精神、发挥劳模作用》评论员文章中，称赞胡洪炜为"禁区勇士"。

图5-12   "胡洪炜"带电作业班安全文化建设展示

5.8.2   "胡洪炜"带电作业班安全文化内涵

严格践行标准化作业。为全面推动安全作业规范化、常态化、持久化开展，班组总结历年来参与的带电作业及大修技改现场作业经验，深度挖掘每一项作业步骤、每一个关键环节的风险因素，以提高安全裕度、降低作业风险为基本原则，参与制定修编输电线路现场作业安全检查卡21份、带电作业标准化作业指导书（卡）80份，有效提高标准化安全作业水平，牢固树立"真抓实干"理念。

总结提炼安全工作法。班组成员胡洪炜同志结合自身多年特高压输电线路带电作业经验，编著发行《胡洪炜工作法》，既是班组几十年以来标准化安全作业的缩影，也是指导超特高压带电作业核心技术的标杆，不仅有效提高带电作业工作效率和安全生产水平，也为安全队伍的发展和壮大提供源源不竭动力。该书作为我国"大国工匠系列丛书"之一，成为行业培训的必备教材。

扎实推进自主安全管理。"胡洪炜"带电作业班强化"安全工作的关键是班组和现场"理念认知，丰富班前会形式和内容，提升风险辨识能力和安全敬畏意识。发挥全国劳模胡洪炜、湖北省劳模汤正汉、荆楚工匠李明等先进典型的示范引领，设置"成才林"文化墙，将不同年代优秀员工事迹上墙，营造"榜样引路、比学赶帮超"良好氛围。传承"师带徒"优良传统，为青年员工职业成长引入"严实"作风、"担当"精神和"最美"能量。

5.8.3 "胡洪炜"带电作业班安全文化成效

带电作业安全文化特色显著。带电作业班结合自身工作特点，提炼出"严谨规范进电场，精湛细致稳操作"的带电作业安全文化，以及"两距离、三方式、四规定、五步法"的带电作业标准。深入践行劳模精神、劳动精神、工匠精神，开展劳模工匠"红领课堂暨青工培训"，固化岗位能力要素培训项目，创新打造输电带电作业知识培训体系。

数字技术班组建设成效突出。带电作业班作为国网湖北超高压公司数字化建设试点班组，不断探索数字化转型的方向和路径，深化库房数字化应用，通过工器具智能管理系统，利用温湿度、定位传感器、移动 App 实现安全工器具库房的远程控制和工器具点单式管理。依托 PMS3.0、安全风险管控平台，从任务派发、方案编制、工作票填写等各环节逐一发力，实现带电作业全流程线上管理。

智能设备管理变革强基固本。通过三维建模，开发进出电位安全评价系统，实现进出电位最佳路径规划和"安全、预警、危险"状态评价，为安全高效开展带电作业提供支撑。广泛应用智能穿戴设备，通过智能安全帽实时掌握作业人员轨迹，以预设电子围栏为预警阈值，有效避免误登杆作业。通过穿戴智能手环，实时监测作业人员心率、血氧信息，掌握作业人员身体状况，避免造成人身安全风险，推动带电作业由"经验驱动"转变为"数据驱动"，全面提升班组安全管理。

高新技术手段应用深度拓展。带电作业班致力于探索无人机、机器人等新技术手段与带电作业融合应用，自主探索机器人更换耐张绝缘子、无人机挂攀爬绳、无人机转运材料，通过科技赋能，以机器替代降低人身安全风险、降低作业时长、减轻人工负重，为安全高效开展带电作业拓展新思路、新方法。基于超特高压设备部件长、体型大、质量重等特点，研发旋放法等一系列带电作业工器具创新，提升带电作业效率和人身安全管控能力。

第 6 章

电力企业安全
文化持续改进

中国式现代化是物质文明和精神文明相协调的现代化，必须增强文化自信，发展社会主义先进文化，弘扬革命文化，传承中华优秀传统文化，加快适应信息技术迅猛发展新形势，培育形成规模宏大的优秀文化人才队伍，激发全民族文化创新创造活力。要完善意识形态工作责任制，优化文化服务和文化产品供给机制，健全网络综合治理体系，构建更有效力的国际传播体系。

电力企业高度重视和加强安全文化建设，国网湖北电力更是立足国情、企情、网情，根据《中华人民共和国安全生产法》《企业安全文化建设导则》《企业安全文化建设评价准则》《电力安全文化建设指导意见》《国家电网有限公司关于安全文化建设的实施意见》等法律法规、标准规范，在全面开展安全文化建设内外部调研和溯源基础上，明确了安全文化建设规划。

国网湖北电力安全文化建设仍处于示范引领阶段，安全文化体系框架已基本形成，各级安全文化建设工作有序推进，安全文化体系实效运转，部分单位、专业、班组安全文化成为企业、行业典型示范。

值此新型电力系统建设的关键时期，国网湖北电力进一步强化安全文化顶层设计，推动安全文化铸魂、扎根、行稳、致远，奋力建设国内领先、行业标杆、世界一流的电力企业特色安全文化体系。

6.1　安全文化铸魂

坚持以人为本，将安全文化建设作为员工"灵魂深处的安全工程"，培育员工尊重生命、敬畏安全的意识，引领员工树牢安全发展理念、提高安全素养。打通"外在约束"与"内心认同"的桥梁，以安全制度的有形约束限制行为下限，以安全文化的无形感召提升行为上限，指引员工从"行为服从制度"向"内心认同制度"转化。

1. 与时俱进诠释安全文化内涵

全面总结公司安全文化建设情况，以"视频＋现场"方式开展深度调研。积极吸纳新思想、新观念、新技术，以及新形势下安全管理和生产一线典型做法，持续优化完善公司安全文化体系，构建"人人讲安全、公司保安全"的安全文化新格局，引领实现高水平安全。

关注新兴安全风险。随着科技的发展，新的安全威胁和挑战不断出现。例如，网络安全、人工智能的应用、生物安全等都是当前新兴的安全问题。建设与时俱进的安全文化需要关注这些新的安全风险，增强对这些风险的认识和预防能力。只有紧跟时代的步伐，及时更新安全文化的知识和观念，才能更好地应对新的安全威胁。

注重安全科技创新。科技的发展对于安全文化的建设有着积极的促进作用。例如，人工智能可以帮助我们更好地预测和预防安全事故，数字化技术可以提高事故应急管理的效率。与时俱进的安全文化需要积极应用科技创新，在安全管理中融入新的科技手段和工具，提高安全管理的水平。

2. 见贤思齐用好安全文化示范

形成一批可复制、可推广的安全文化实践典型经验，以示范单位、示范班组、示范现场为引领，不断巩固完善"单位政通人和、班组团队互助、现场规范平安"的安全生态，推动安全生产水平不断提升。

深挖掘提炼榜样精神。深入研究和剖析安全文化建设示范点的思路和做法，把握精髓和要义，用安全文化理念编织其日常安全管理和作业行为，让标杆立起来。

多渠道宣传典型事迹。加强安全文化目视管理和物态载体建设，转变"广播式"灌输为"浸润式"熏陶、"体验式"感悟，以示范标杆入眼入耳推动安全文化入脑入心。

强统筹推广先进做法。讲好典型示范安全文化故事，打造吸人眼球的安全名片，组织各层级广泛参与的各类宣传活动，用好社交媒体平台，凝聚"我要安全"价值追求。

6.2　安全文化扎根

安全文化建设的难点在班组落地。安全文化建设实践纵向需要穿透层级较多，各单位决策层对安全文化建设重视程度不一，导致对安全文化人、财、物投入参差不齐。安全文化建设对智库团队个人素养要求较高，既需要具备安全管理经验，同时需要一定交流、协作能力。

安全文化要扎根于基层班组，首先要让班组人员了解到，安全文化不是什么高高在上、高不可攀的东西，学习和执行安全规章制度就是安全文化，规范的日常安全管理就是安全文化，规范的班组员工现场作业行为就是安全文化，才能真正发挥安全文化正本清源、固本强基作用。

1. 凝聚"学习和执行安全规章制度就是安全文化"共识

电力企业的班组是执行安全规程和各项规章制度的主体，是贯彻和实施各项安全要求和措施的主体，也是成为杜绝违章操作和杜绝重大人身伤亡事故的主体。离开班组，安全生产的管理制度和规范将成为空中楼阁。

学深悟透安全规章制度。学习安全生产规章制度和行为红线，依法依规开展安全生产工作。重点推动《安规》"两票""十不干""十八项反措"等学习考试、刚性执行。

落地落实安全规章制度。班组长是班组安全文化建设第一责任人。安全员将安全文化融入班组日常安全管理、外包队伍管理。工作负责人是作业现场践行安全文化的第一责任人。核心业务自主实施，不依赖外包队伍，实现作业有主人，设备有主人。

2. 凝聚"规范的安全管理和行为就是安全文化"共识

安全文化的班组落地，就是要形成严谨规范的安全自觉。班组全员知责明责、遵规守纪，实现"群体认同、个体自觉、团队协作"。

开展安全承诺。增强班组员工安全"契约"精神，要将"安全承诺书""安全责任清单"视为安全契约，将工作票、操作票、施工方案等签字视为安全责任合同，对自己签的字负责，诚实守信履行承诺，定了就干、干就干好。实施安全积分制度，以规范的安全管理和行为为基础建立安全信用体系。

推进标准化建设。通过推进设备标志标准化、安全警示可视化、巡检提示图表化、操作提示现场化等可视化内容，规范各生产专业人员作业行为习惯。固化标准化作业流程，形成一系列有效指导作业现场标准化建设的视频库。制定标准化作业卡，覆盖日常工作各工序。积极探索各专业班组在安全管理、作业现场行之有效的做法，高度凝练，固化于制，上升为安全生产的方法论。

6.3 安全文化行稳

专业安全文化与专业安全管理目标一致，安全管理通过"制度管人、流程管事"侧重于"要我安全"，安全文化通过"理念引导、氛围熏陶"侧重于"我要安全"，两者相辅相成、互动促进。

近年来，"管业务必须管安全"已经融入公司各专业。各专业坚持安全文化与安全管理互动促进，形成了诸多固化的优秀做法和优良传统，生产专业安全管理在组织、标准、评价、督查等方面日益完善，专业员工安全素养得到有效提高，安全意识明显增强，正在从管理的被动执行状态，逐步转变为主动参与。

1. 开展安全文化育人行动

厚植安全理念。公司生产管理部门及各生产管理单位坚持"培用结合"，分层分级建立安全管理和技术技能专家库。针对性补强短板弱项，科学开展各生产专业领域安全教育培训需求分析，贴近工作实际编制专业领域安全教育培训计划，全覆盖、常态化开展典型事故、严重违章、"十八项反措"培训，把安全培训纳入"三新"培训必选内容。

传承管理精要。绘制以电网设备投产、管理体系改革、核心模范人物等为脉络的发展追溯主线图，提升生产专业人员的归属感和自豪感。大力推进"师带徒"，让具有丰富的实际生产经验，又有较深理论知识的各类技能人才，在本职岗位上以收徒传艺的"传承"形式，将其高超的专业技能水平、优良的职业道德作风传授给他人，同时建立完善的激励制度。

完善技术体系。构建"总工程师—主任工程师—技术员"技术管理组织体系，打通技术人员上升通道。深化设备主人制建设，提升设备主人带电检

测、风险管控等业务技能，培养一批"熟技能、懂技术、会管理"的设备主
人。开展全业务核心班组建设，以设备安全稳定运行和作业风险安全管控，
提升各生产专业关键业务自主实施能力。

2. 安全文化感召行动

打通专业壁垒。将安全管理要求融入专业企业标准中，让专业风险管控
和隐患排查在设计、制造、安装、运维等全过程有据可依。制定现场作业及
倒闸操作风险管控实施细则，将风险辨识与防控措施细化到现场作业的每一
道工序。按年度制定重点反事故技术措施及重点工作清单，将安全隐患治理
落到实处。

强化主动运维。在事前预防上下功夫，发挥带电检测、在线监测、智能
巡视和集控系统技术优势，基于设备工况等制定差异化运维策略。落实特殊
时段重要设备运维措施，做好重过载设备管控，确保迎峰度夏（冬）设备
安全。

加大激励力度。除按照各级安全奖惩规章制度开展安全奖励外，各安全
生产专业可针对全业务核心班组建设等专业特色关键业务，开展资金、绩
效、通报表扬等正向激励措施，充分调动相关专业各级管理、一线人员积
极性。

3. 开展安全文化凝心行动

发挥"党建+"作用。深化"党建项目管理制"，灵活运用"揭榜挂帅"
模式，定制党建融入项目，构建亮点突出、基础过硬的"党建+"项目库。推
进党员"双履责""双考核"。结合强化安全管控、生产管理等方面，组织签
订党员承诺书，亮出承诺内容。在重点工作现场组织开展"党员身边无违章"
活动，示范带动全体员工牢固树立安全生产意识，时刻紧绷安全之弦。

强化专业协同。落实"三管三必须"要求，履行保证体系主体责任，推
动安全文化在班组一线落地。结合各生产专业规律特点，构建具有专业特色

的安全文化体系。将安全文化知识纳入专业技术比武、技能竞赛、技术大讲堂等活动，推动各生产专业安全文化融入安全生产组织管理，融入计划安排、现场勘察、风险辨识、方案编制、现场作业等全流程、各环节。

同质外包管理。实行外包队伍、人员"双准入"，以三方项目部同准入、同培训、同活动，促进外包队伍关键人员深度参与班组安全例会、安全日等活动，增强外包人员归属感、责任感。建立外包队伍微信群等信息交互渠道，确保规章制度、事故通报能第一时间传达至外包单位，建立外包单位安全绩效图或"红黑榜"，帮助外包单位掌握正向激励等有效管理手段。

4. 安全文化固本行动

强化安全风险防控。坚持"现场为王"，聚焦人身设备安全，细化各类风险辨识，强化作业过程管控，狠抓标准化作业，打通"中梗阻"，建设100个"五级五控"示范工区。强化设备主人现场安全管控履职尽责，加强生产管控中心远程督查，开展配网施工、检修、不停电作业等"云督查"，做到"四个管住"。

深化设备隐患治理。结合安全管理体系建设情况，持续做好现代生产管理体系理论方法总结。深化开展新建工程安全监督和技术监督，全量覆盖220千伏及以上新建工程。加强在运设备技术监督，固化监督项目和监督周期，做好各生产专业隐患排查和督办治理。完善隐患排查治理常态机制，突出基础巩固提升、隐患动态更新和主辅设备并重，发布年度重点隐患清单，制定保障措施，坚持重点隐患见底清零，坚决避免隐患发展成事故。

增强设备防灾能力。研究设立总部、区域、省公司三级防灾减灾中心，嵌入生产业务流程，强化电力气象"七中心"技术支撑能力，提升覆冰、输电线舞动、暴雨、洪涝等灾害小尺度趋势预测水平。颁布执行电网设备防汛防台反事故措施，开展防汛防台、防覆冰防舞动三年提升行动。配足配齐抢修塔、全地形车等抢修装备，完善应急辅助手段，提升灾害应对能力。

5. 安全文化浸润行动

丰富文化载体。将各生产专业内容纳入安全文化阵地、安全文化教育室（厅、廊）、班组安全文化墙建设。积极开展安全文化宣讲、安全宣誓、安全大讲堂、安全文化沙龙、演讲比赛、亲情助安等系列活动。制定各生产专业安全文化分册，基层员工随时随地可以学习。开展设备安全文化专题培训，结合现场培训文化融入专业的实践案例。

创建文创作品。各生产专业紧密结合电力生产实际，创作了大量的歌曲、漫画、微电影、宣传片等文创作品，以一线人员喜闻乐见、寓教于乐的形式，展现职工对安全生产的认识、重视，易于融入生产现场，具有较强的"浸润式"警示作用和教育意义。

6. 安全文化暖心行动

关心关爱员工。深入开展安全文化调研，及时掌握员工身体、心理健康状态，及时解决现场人员存在的问题。深化拓展网络文明应用，设立专业管理信息交流通道，及时对上级专业规章制度开展释义和分解。

选树典型示范。健全完善专业典型选树工作机制，按专业开展各生产专业"安全之星"等荣誉表彰，将安全绩效纳入专业典型选树的必要条件。组织专业人员积极参与"安全标兵""最美国网人""最美劳模""十大杰出青年"等评选表彰，大力选树宣传职工身边可信可学的先进典型，营造"见贤思齐"的浓厚氛围。

推进亲情助安。将专业安全文化建设与党建、工会工作深度融合，组织丰富的职工文化活动，开展职工喜闻乐见的篮球、乒乓球、羽毛球等赛事活动和内容阳光、具有推广价值的职工趣味运动活动。结合各生产专业人员相对集中等特点，打造"家人照片""一封家书""亲情愿景"上墙等场所，架设家企"连心桥"，让"共享平安"成为各生产专业员工的安全价值共鸣。

6.4　安全文化致远

安全文化是企业文化的重要组成部分，它体现了企业对安全生产和员工生命财产安全的重视。一个企业的安全文化不仅关乎员工的安全和健康，也是企业社会责任和道德品质的体现，直接影响着企业的品牌形象和市场竞争力。通过建立和发展安全文化，企业能够减少事故发生，提高生产效率，增强公信力和品牌形象，从而为企业的可持续发展奠定坚实的基础。

安全文化与安全文化建设成效与"一把手"决策和企业发展密不可分，国网湖北电力党委作出"干在实处、走在前列"的重大部署，建立了务实争先的企业文化，与"务实尽责、共享平安"的鄂电安全文化形成强烈的呼应与共鸣。要全力占领安全文化铸魂、融入、品牌"三个高地"，才能真正实现高质量发展和高水平安全良性互动，切实保障企业长治久安。

当前，湖北电网正处于转型升级的关键阶段，生产建设任务繁重，新老风险交织叠加，必须由经验型、传统型安全管理向依靠自主安全和本质安全的文化型管理模式转变。全力防范化解安全风险隐患，守住公司安全生产红线底线，推动安全文化建设走在前列，是公司发展的必然选择。

1. 实施理念铸魂工程

加强安全理论学习。始终把学习贯彻习近平总书记关于安全生产的重要论述和重要指示批示精神摆在首位，常态纳入党委中心组、安委会、专题安全日和班组安全日学习内容，组织全体员工特别是党员干部深入学习领会，牢固树立安全底线思维和红线意识，推动"两个至上"真正入脑入心见行动。

深化"党建+安全"实践。用好"三会一课"、主题党团日等活动载体，引导各级党组织负责人带头践行公司安全理念。开展"党员身边无违章无事故"活动，创建党员安全责任区、党员安全示范岗，以党员先锋模范作用带动全员安全履职尽责。各级宣传、工会等部门要将安全文化融入品牌建设、职工服务等重点工作，形成党政工团齐抓共管的良好格局。

2. 实施队伍强基工程

做实安全教育培训。围绕"干什么、学什么"，加强领导干部、管理人员、技能人员和新入职员工差异化安全培训，严格安监人员持证上岗资格管理，确保人人过关。在省公司层面组织春、秋两次全员安全考试，在地市公司层面每季度组织一次生产人员安规考试，对各类违章人员常态化开展安全再教育，考试合格后方能上岗。

加强人员能力建设。推进核心生产岗位靶向补员计划，落实核心专业人员"4120"配置标准。持续推行工作负责人星级评定、岗位安全等级认证，健全安全等级与岗位任职、薪档积分、绩效考核挂钩的工作机制，实现同岗位不同级的差异化管理。协同各专业部门，对所有班组长开展安全管理能力评估，以实操性、实景化项目测评和提升班组长安全管理能力。推进外包队伍自有班组标准化建设，逐步遏制人员相互拆借、搭建"草台班子"等现象，引导外包单位提升自主实施能力。

3. 实施管理赋能工程

加快建设文化深度嵌入的安全管理体系。在确保年内通过国网公司安全管理体系试运行验收的基础上，率先通过国网公司规范型安全管理体系达标认证，加快建设国网领先的文化型安全管理体系，将专业安全文化、作业安全文化的精髓、做法、要求，转化为管理措施、固化到业务流程、体现到作业文本、落实到作业现场，通过体系运作推动安全文化真正成为干部员工的行为准则和工作习惯。

加快建设奖罚分明、刚柔并济的安全奖惩体系。对90%以上的违章以纠正、指导、讲清楚为主，大力开展"无违章班组""无违章现场"创建，加大无违章现场、重点安全工作等奖励力度，营造自主安全良好氛围。按照"四不放过"要求，严肃开展安全事件调查分析，对直接危及人身安全的35条重点违章、同一班组重复发生的违章从严处理、绝不姑息。

4. 实施文化引领工程

建设走在前列的安全文化保障体系。分年度制定安全文化建设重点任务，出台安全文化建设评价标准，在各级领导班子成员"两个清单"中明确主要负责人的安全文化建设第一责任和分管负责人的专业文化落地责任。建设不断发展壮大的安全文化智库团队。加大安全文化建设投入，滚动做好一阵地一室一墙深化建设、安全文化落地示范点等项目储备、建设、督导，确保资金及时到位。

建设走在前列的安全文化传播体系。建设安全文化AI展厅，深化安全文化课程开发应用。在公司安全管理人员、督查人员、班组长、新员工等各类、各专业培训中设置安全文化课程。举办安全文化论坛、沙龙，开展安全文化精品工程发布，组织优秀安全文化教育室、百佳班组安全文化墙评选，比拼赶超培育一批优秀安全文化实践成果，提炼形成可推广、可复制的安全文化建设"方法论"。

建设走在前列的安全文化实践体系。深度融合国网公司十大核心安全理念与公司"1+9+N"文化体系，推进"务实争先"企业文化在安全专业文化的落地实践。以先进的安全文化引领公司安全发展，不断推进安全文化融入管理、融入专业、融入班组、融入现场，为安全生产提供精神动力和智力支持。全体员工秉持"安全第一"核心理念，扛牢电力企业安全使命，朝着共识共鸣的安全目标不断前行。